Georg Popp

Der uns die Angst nimm.

»Leicht faßbar und zugleich kraftvoll ist dieses Buch. Der Verfasser spricht gleichsam aus dem Herzen und will auch die Herzmitte der Menschen treffen . . . Der zeugnishafte Charakter und die praxisbezogenen Ausführungen machen den Wert dieser Handreichung aus, die etwas von der Weisheit echter geistlicher Führung enthält.«
(Zeitschrift »Erneuerung« von Prof. Mühlen)

»Georg Popp ist ein Mann, der mitten im Leben steht und dessen Bücher spirituelle Erfahrungen verraten«. (Kirche und Leben)

Georg Popp

Der uns die Angst nimmt

Leben aus der Kraft des Heiligen Geistes

Mit einem Vorwort von Dr. habil. Norbert Baumert SJ

Verlag Friedrich Pustet Regensburg
Quell Verlag Stuttgart

CIP-Kurztitelaufnahme der Deutschen Bibliothek

Popp, Georg:
Der uns die Angst nimmt : Leben aus d. Kraft
d. Heiligen Geistes / Georg Popp. Mit e.
Vorw. von Norbert Baumert. – 4. Aufl. –
Regensburg : Pustet ; Stuttgart : Quell-Verlag,
1987.
  ISBN 3-7917-0740-X (Pustet)
  ISBN 3-7918-2034-6 (Quell-Verl.)

24.–29. Tausend

ISBN 3-7917-0740-X (Pustet)
ISBN 3-7918-2034-6 (Quell)
© 1982 by Verlag Friedrich Pustet, Regensburg
Umschlaggestaltung: Peter Loeffler, Regensburg
(Foto: Hendricks/present)
Gesamtherstellung: Friedrich Pustet, Regensburg
Printed in Germany 1987

Für Waltraud

Inhalt

8

Vorwort

Leben aus der Kraft des Heiligen Geistes – wer möchte das nicht? Aber mancher wird skeptisch fragen, wie weit ein Buch dazu helfen könne. Nach der Lektüre des Manuskriptes war ich überrascht, wie schnell es dem Verfasser gelingt, in ein Gespräch mit dem Leser zu kommen und ihn nicht nur zum Nachdenken, sondern zum Handeln zu führen. Damit regt er einen Prozeß an, der seine Dynamik im Menschen selbst entfaltet und weit über die Lektüre hinausgeht. Hier wird keine Theorie über das Wesen des Heiligen Geistes und seine Wirkungen geboten – ein Thema, das heute wieder an Bedeutung gewinnt –, sondern Hinführung zu einer Praxis des Glaubens, und zwar aus der Praxis eines Familienvaters und eines »weltlichen« Berufes. So haben wir eine kleine Lehre des christlichen Lebens in Händen, für den rundum beschäftigten und überinformierten Menschen von heute, in seiner Sprache, leicht lesbar und wesentlich.

»Wer ist der Heilige Geist?« Diese schwierige Frage wird in den ersten vier Kapiteln am Beispiel der Veränderung des Petrus und anhand zahlreicher weiterer Schriftstellen in einer Weise beantwortet, daß jeder sie verstehen kann und doch die zentrale Wahrheit dieses tiefen Glaubensgeheimnisses nicht vereinfacht wird. Sie wird ständig in Beziehung gesetzt zu der menschlichen Bereitschaft (»Disposition«) und zum Mittun des Menschen. So ist der Leser vorbereitet, dann über »die Wege«, »das neue Leben« und den »Auftrag« nachzudenken, also über die praktischen Schritte, die das christliche Leben ausmachen. Die letzten vier Kapitel schließlich führen in die »Schule« des Heiligen Geistes ein: eine solide, faßliche und praktikable Vermittlung der Lehre von der Unterscheidung, die zur Erkenntnis des Willens Gottes im Alltag hilft, aus dem Erfahrungsschatz der Heiligen

Schrift und der kirchlichen Tradition geschöpft und doch ganz im heutigen Leben erprobt und in heutiger Sprache ausgedrückt. Ein an-sprechendes Buch, das es wagt, den Leser direkt anzusprechen, und das man zunächst in einem Zug durchlesen möchte; aber nicht, um es wieder wegzulegen, sondern um es dann in kleinen Dosierungen zu bedenken und zu erproben. Dahinter wird ein Gottesbild erkennbar, das – weil biblisch – wohltuend positiv und lebensvoll erscheint. Die Direktheit der Sprache und die frische Art, mit der ständig Beispiele aus der alltäglichen Erlebniswelt transparent gemacht werden, verhelfen zu einer frohen, aktiven Frömmigkeit und einer größeren Unmittelbarkeit in der Begegnung mit Gott. Andererseits werden die Schwachstellen des Menschen deutlich beim Namen genannt. Diese ungeschminkte Rede ist entwaffnend und hilfreich zugleich; es entsteht eine kräftige, gesunde Kost.

Ein Charakteristikum dieses Buches ist, daß hier die biblische Botschaft und Wahrheiten des Glaubens so dargestellt werden, wie sie durch einen konkreten Menschen hindurchgegangen und von ihm erfahren worden sind, ohne etwas von ihrer Allgemeingültigkeit zu verlieren. Junge Menschen, die auf der Suche sind, werden dankbar sein für die Lebenserfahrung eines Mannes mitten im heutigen Berufsleben, für seine Offenheit und für die Wege Gottes, die dahinter sichtbar werden. Dieser indirekt zeugnishafte Charakter, der auf die Not und die Freude des Lebens mit Gott hinweist, erleichtert es dem Leser, sich diesem Wegbegleiter anzuschließen. Er kann mit ihm lernen, wie Gott mit uns Menschen umgeht – und wir mit ihm, der alle Angst von uns nehmen will.

St. Georgen, Frankfurt/M   Dr. habil. Norbert Baumert SJ

10

DIE ANGST

Die Welt wird immer komplizierter

Unsere Welt ist unsicher geworden und voller Ängste. Immer komplizierter wird unser Leben. Obwohl wir noch zu keiner Zeit so viele Hilfsmittel wie Fachzeitschriften, Bibliotheken, Computer und vieles andere hatten, obwohl wir noch nie so viele Ratgeber kannten wie heute: Fachärzte, Psychotherapeuten, Rechtsanwälte und andere Berater gibt es mehr denn je. Fortschritte wie noch nie: unser Ausbildungswesen wird immer weiter ausgebaut. Im Haushalt wie im Beruf finden wir Unterstützung durch die besten technischen Geräte; das Freizeitangebot und die Möglichkeiten zur Erholung und Entspannung werden immer größer; Unterhaltung wird uns an jeder Straßenecke und in jeder Tageszeitung angeboten.

Und doch: der Mensch von heute fühlt sich verlassen. Einsam. Ohne Hoffnung. Verängstigt.

Wo können wir noch Rat und Hilfe finden? Wo gibt es einen Psychotherapeuten, der Zeit für uns hat; einen Arzt, der uns zuhören kann; einen Freund, bei dem wir Geborgenheit finden?

Wo finden wir zusätzliche Informationen, die wir für unser Leben so nötig hätten? Woher nehmen wir die Fähigkeit, die ständig auf uns einströmenden neuen Entdeckungen und Erkenntnisse zu verarbeiten?

Unser Wissen wird immer umfangreicher. Wo und wie aber können wir uns noch orientieren?

Da hatte auch einer Angst

Seine Angst hatte zwar andere Gründe, aber die gleiche Wirkung: So wie wir heute oft davonlaufen wollen, so ist er damals davongelaufen. Sein Lehrer und Meister war nicht mehr bei ihm; er war verhaftet worden.

Da hatte er Angst bekommen. So viel Angst, daß er schwach und feige wurde vor einer einfachen Frau:
»Petrus aber saß draußen im Hof. Da trat eine Magd zu ihm und sagte: ›Auch du warst mit diesem Jesus aus Galiläa zusammen.‹ Doch er leugnete es vor allen Leuten und sagte: ›Ich weiß nicht, wovon du redest.‹
Und als er zum Tor hinausgehen wollte, sah ihn eine andere Magd und sagte zu denen, die dort standen: ›Der war mit Jesus aus Nazaret zusammen.‹ Wieder leugnete er und schwor: ›Ich kenne den Menschen nicht.‹
Kurz darauf kamen die Leute, die dort standen, zu Petrus und sagten: ›Wirklich, auch zu gehörst zu ihm, deine Mundart verrät dich.‹ Da fing er an, sich zu verfluchen und schwor: ›Ich kenne den Menschen nicht.‹
Gleich darauf krähte ein Hahn, und Petrus erinnerte sich an das, was Jesus gesagt hatte: Ehe der Hahn kräht, wirst du mich dreimal verleugnen. Und er ging hinaus und weinte bitterlich.« (Mt 26,69–75)

Die Katastrophe

Hatte er nicht recht mit seiner Angst? Jesus, von dem alle seine Freunde wie auch er selbst geglaubt hatten, daß er der Messias sei, der Retter Israels; Jesus, der so viele Wundertaten vollbracht und so großartig gepredigt hatte; der den Pharisäern so deutlich seine Meinung gesagt hatte und ihnen keine Antwort schuldig geblieben war: dieser gleiche Jesus ist gefangengenommen, ausgepeitscht, verurteilt und letztlich sogar am Kreuz hingerichtet worden.
Den schändlichsten Tod hat er erlitten. Ans Kreuz hatte man Jesus geschlagen. Aufgehängt wäre das heute.
Da sollte man keine Angst haben?

DIE VERÄNDERUNG

Hinter verschlossenen Türen

Ängstlich waren Petrus und die anderen Jünger Jesu seit diesem Schicksalsschlag zusammengesessen. Sie hatten sich nicht mehr an die Öffentlichkeit getraut: »Aus Furcht vor den Juden hatten sie die Türen verschlossen.« (Joh 20,19)

Als Christus wieder einmal unerwartet in ihre Mitte trat, »da erschraken sie und hatten große Angst, denn sie meinten, einen Geist zu sehen.« (Lk 24,37)
Sie erkannten ihren Lehrer und Meister nicht mehr. Sie alle waren verängstigt durch das, was wenige Tage vorher durch die Kreuzigung Christi geschehen war.

Doch dann geschah es

Nur wenige Wochen später. Der gleiche Petrus, der vor zwei, drei Mägden gezittert hatte, derselbe Petrus, der sich wegen seiner Angst geschämt hatte, dieser Petrus stellt sich vor eine große Menschenmenge hin, die auf einem der größten Plätze der Stadt zusammengekommen war, und fängt an zu reden.
Zu reden.
Aber wie!
Da ist nichts mehr von Angst oder Verleugnung zu spüren.
Nichts mehr von Feigheit oder Armseligkeit.

Wortgewaltig

Alle, die ihm zuhörten, »gerieten außer sich vor Staunen«, so wortgewaltig traten er und seine Freunde vor die vielen Fremden hin.
Es müssen viele, sehr viele Zuhörer gewesen sein. Allein 17 Stäm-

me und Völker werden aufgezählt, aus denen sie alle herbei zu dem großen Fest in die Stadt geströmt waren.

»Alle gerieten außer sich und waren ratlos«, denn nicht nur auftreten konnten dieser Petrus und seine Begleiter. Noch viel mehr: in wievielen Sprachen sie verstanden wurden!»Jeder hörte sie in seiner Muttersprache reden.«

Aber sie waren doch von überall her:»Parther, Meder und Elamiter, Bewohner von Mesopotamien, Judäa und Kappadozien, von Pontus und der Provinz Asien, von Phrygien und Pamphylien, von Ägypten und dem Gebiet Libyens nach Zyrene hin, auch Römer, Juden und Proselyten, Kreter und Araber.« (Apg 2,7–11)

Was war geschehen?

Das war doch der gleiche Petrus, der als einfacher Fischer vom See Gennesaret nie gelernt hatte, eine Rede zu halten; der noch wenige Wochen vorher vor einer einfachen Frau Angst bekommen und sich feige davongeschlichen hatte.

Dieser Petrus stellt sich jetzt vor eine Menschenmenge und bekennt sich öffentlich zu einem Mann, dessen Auftreten als Messias vor diesem Volk doch eigentlich gescheitert war:

Jesus aus Nazaret war von den Juden gekreuzigt worden. Er hatte sich selbst nicht helfen können.

Doch jetzt standen sie auf

»Petrus, zusammen mit den Elf« bekennen sich – ohne Furcht und Zweifel – zu ihrem Meister. Petrus bezeugt es:

»Diesen Jesus hat Gott auferweckt, dafür sind wir alle Zeugen. Nachdem er durch die rechte Hand Gottes erhöht worden war und vom Vater den verheißenen Heiligen Geist empfangen hatte, hat er ihn ausgegossen, wie ihr seht und hört.« (Apg 2, 32f)

Ganz Israel ruft der Fischer vom See Gennesaret auf: »Mit Gewißheit erkenne also das ganze Haus Israel: Gott hat ihn zum Herrn und Messias gemacht, diesen Jesus, den ihr gekreuzigt habt . . .« (Apg 2, 36)

Jetzt sind Petrus und die Apostel wie verwandelt: die bis dahin verängstigten Fischer und Handwerker haben keine Angst mehr.
Sie haben keine Angst mehr vor einer Magd, vor der Petrus davongelaufen war; sie haben keine Angst mehr vor den Juden, deretwegen sie sich nur noch hinter verschlossenen Türen trafen; sie haben nicht einmal Angst vor einer großen Menschenmenge.
Ja – haben Sie schon einmal eine Rede gehalten? – sie haben nicht einmal Angst, vor dieser Menschenmenge zu reden, vor dieser Menschenmenge ihren Herrn Jesus Christus zu bekennen.
Alle sollen es hören: »Diesen Jesus hat Gott auferweckt, dafür sind wir alle Zeugen.« (Apg 2,32)

DAS VERSPRECHEN

Wer hatte diese Veränderung bewirkt?

Jesus hatte es ihnen mehrmals angekündigt. Letztmals am Tag seines endgültigen Abschieds von dieser Erde:
»Ihr werdet die Kraft des Heiligen Geistes empfangen, der auf euch herabkommen wird; und ihr werdet meine Zeugen sein in Jerusalem und in ganz Judäa und Samarien und bis an die Grenzen der Erde.« (Apg 1,8)

Schon zu Zeiten seines öffentlichen Auftretens hatte Jesus öfters von diesem Heiligen Geist und seiner Kraft gesprochen:
»Macht euch keine Sorgen, wie ihr euch verteidigen oder was ihr sagen sollt. Denn der Heilige Geist wird euch in der gleichen Stunde eingeben, was ihr sagen müßt.« (Lk 12,11 f)
»Es ist gut für euch, daß ich fortgehe. Denn wenn ich nicht fortgehe, wird der Beistand nicht zu euch kommen; gehe ich aber, so werde ich ihn zu euch senden.« (Joh 16,7)
»Wenn aber der Beistand kommt, den ich euch vom Vater aus senden werde, der Geist der Wahrheit, der vom Vater ausgeht, dann wird er Zeugnis für mich ablegen.« (Joh 15,26)

Dieses Versprechen von Jesus gilt bis in unsere Tage.

Auch heute.

Auch für Sie.

Ich sende euch einen Beistand

Jesus kannte seine Jünger. Er wußte, wie verzagt und ängstlich sie sein können, wenn sie allein sein würden, ohne ihn. Schon während seines öffentlichen Wirkens hatte er ihnen daher zugesagt:
»Ich werde euch nicht als Waisen zurücklassen.« (Joh 14,18)
Vor seiner Himmelfahrt versprach er ihnen ausdrücklich: »*Seid*

gewiß: Ich bin bei euch alle Tage, bis zum Ende der Welt.«
(Mt 28,20)

Wir müssen uns einmal vor Augen halten, was diese Verheißung, was dieses Versprechen konkret bedeutet: Jesus, der Sohn des unendlichen, allwissenden und allmächtigen Gottes, Jesus, der selbst Anteil an dieser göttlichen Vollmacht hat; dieser Jesus verspricht uns, ruft jedem einzelnen von uns, auch Ihnen, der Sie dieses Buch lesen, mit großer Eindringlichkeit zu: »Seid gewiß! Ich bin bei euch!«

»Ich bin bei euch«, das heißt aber doch, ich bin bei euch mit meiner ganzen Person, mit meiner ganzen Macht, die mir der Vater geschenkt hat und die ich euch während meines öffentlichen Wirkens immer wieder neu gezeigt habe.

»Ich bin bei euch« mit all meiner Sorge und Führung, mit all meiner Zärtlichkeit und Liebe, wie ihr sie von mir auf Erden immer wieder erfahren habt.
Und diese meine Anwesenheit gilt für »alle Tage, bis zum Ende der Welt«.

Jesus weiß, wie ängstlich wir Menschen sind, wie sehr wir seine Hilfe brauchen und wie wenig wir ihm vertrauen werden. Deshalb verspricht er es mit besonderem Nachdruck: »Seid gewiß!«
Und er sagt nicht nur »alle Tage«, weil er ja unseren Kleinglauben, unser Mißtrauen, unser »Ihm-nicht-anvertrauen-wollen« zu gut kennt. Er beteuert es uns laut und deutlich: »bis ans Ende der Welt.«
Das aber heißt konkret: bis hinein in unsere Zeit. Bis zum heutigen Tag.
Auch morgen. Und übermorgen. Bis ans Ende unseres Lebens. Bis ans Ende der Welt.

In seiner großen Abschiedsrede, die uns Johannes in Kapitel 14 aufgeschrieben hat, ermahnt und tröstet Jesus seine Jünger voll väterlicher Fürsorge. Bereits zu dieser Zeit macht er seinen Jüngern klar, wie er sein Versprechen einhalten will, daß er uns nie verlassen wird, daß er immer bei uns bleiben will:

»Ich werde den Vater bitten, und er wird euch einen anderen Beistand geben, der *für immer* bei euch bleiben soll. Es ist der Geist der Wahrheit, den die Welt nicht empfangen kann, weil sie ihn nicht sieht und nicht kennt.« (Joh 14,16f)

»Der Beistand, der Heilige Geist, den der Vater in meinem Namen senden wird, der wird *euch alles lehren* und euch an alles erinnern, was ich euch gesagt habe.« (Joh 14,26)

DIE KRAFT

Wer ist dieser Heilige Geist?

Wer ist es, der da die einfachen, verängstigten Männer zu wortgewaltigen Rednern macht? Wer ist dieser Heilige Geist, dessen Wirken seit dem ersten Pfingstfest in Jerusalem durch die Jahrhunderte bis heute verfolgt werden kann, von dessen Wirken gerade auch in unserer Zeit wieder so viel gesprochen wird?
Die Heilige Schrift gibt uns Antwort. Doch sie zeigt uns den Heiligen Geist nicht in einer einzigen Gestalt, wie sie uns Gott als den Vater und Jesus als den Sohn erfahren läßt.
Die Heilige Schrift zeigt uns den Geist Gottes in verschiedenen Gestalten.
In Bildern, die uns überraschen.
Die wir langsam und lange auf uns einwirken lassen sollten.

Wie der Wind

»Da kam plötzlich vom Himmel her ein Brausen, wie wenn ein heftiger Sturm daherfährt.« (Apg 2,2)

Der Heilige Geist tritt auf wie ein Brausen, wie ein heftiger Sturm. Das griechische Wort für Geist »pneuma« und das hebräische »ruach« verdeutlichen es. Beide Worte bedeuten nicht nur Geist, sondern auch Wind, Luft, Bewegung, Sturm:

Luft, die wir atmen.

Luft, die alles erfüllt. ». . . und erfüllte das ganze Haus, in dem sie waren.« (Apg 2,2)

Luft, die sich zu einem Sturm steigern kann. ». . . wie wenn ein heftiger Sturm daherfährt.« (Apg 2,2)

Welch ein gewaltiges Bild, das uns die Heilige Schrift aufzeigt: Der Heilige Geist ist *wie* ein Sturm, der alles erfüllt, wie ein Sturm, der alles Verfaulte abbricht.

Der Heilige Geist ist *wie* der Wind, *wie* die Luft, die wir zum Atmen benötigen: *ohne die wir nicht leben können.*

Wie das Feuer

»Und es erschienen ihnen Zungen wie von Feuer, die sich verteilten; auf jeden von ihnen ließ sich eine nieder.« (Apg 2,3) Schon im Alten Testament erscheint der Geist Gottes an vielen Stellen wie ein Feuer: »Der ganze Berg Sinai war in Rauch gehüllt, denn der Herr war im Feuer auf ihn herabgestiegen.« (Ex 19,18) »Die Herrlichkeit des Herrn kam auf den Sinai herab . . . Für die Israeliten sah sie aus wie ein großes Feuer.« (Ex 24,16f) »Denn der Herr, dein Gott, ist ein verzehrend Feuer.« (Dtn 4,24)

»Zungen, wie von Feuer.« (Apg 2,3)

Der Geist Gottes ist wie Feuer.
Wie ein verzehrendes Feuer.
Wie das Feuer, das uns läutert und reinigt.
Wie das Feuer, das das Morsche in uns verbrennt.

Aber auch wie Feuer, das uns neu entflammt.
Das uns erleuchtet.
Das Licht bringt.
Das die Dunkelheit erhellt.

Feuer, das erwärmt.
Feuer, wie die Liebe ein Feuer. Auch für die Liebe kennen wir ja das Symbol des Feuers.

Dem gewaltigen Bild des Sturmes, der weht wo er will, fügt die Heilige Schrift ein zweites an: Der Heilige Geist ist *wie* Feuer. Wie Feuer, *ohne das Leben auf unserer Erde nicht denkbar ist.*

Wie lebendiges Wasser

Dem Bild des lodernden Feuers stellt uns die Heilige Schrift ein weiteres Bild für den Geist Gottes gegenüber: »Wer Durst hat, komme zu mir, und es trinke, wer an mich glaubt. Wie die Schrift sagt: Aus seinem Inneren werden Ströme von lebendigem Wasser fließen. Damit meint er den Geist, den alle empfangen sollten, die an ihn glauben.« (Joh 7,37–39)

Der Geist Gottes ist *wie lebendiges Wasser.*
Wie Wasser, das ich trinken kann.
Wie Wasser, das meinen Durst löscht.
Wie Wasser, das mich reinigt.
Wie Wasser, das das Land befruchtet.
Wie Wasser, aus dem Leben hervorgeht.

Wie Wasser, das in meinen Adern rollt. (Wasser ist der Hauptbestandteil unseres Blutes).
Wie Wasser, das zu einer Sturmflut werden kann.
Wie Wasser, das die Ozeane füllt.

Ein drittes packendes Bild zeigt uns die Heilige Schrift: Der Heilige Geist ist *wie* lebendiges Wasser, *ohne das kein menschliches Leben möglich ist.*

Der das Leben bringt

Ohne Luft können wir nicht atmen. Wenn unser Gehirn nur eine kurze Zeit ohne Sauerstoff ist, fangen unsere Gehirnzellen an abzusterben.
Ohne Feuer müßten wir erfrieren. Würde unser Leben wie unsere Liebe erkalten.
Ohne Wasser müßten wir verdursten. Wir können wochenlang ohne feste Nahrung aushalten, aber nur wenige Tage ohne Wasser.

Es ist kein Zufall, wenn die Heilige Schrift in ihren Bildern für den Geist Gottes konkret *die lebenspendenden Elemente* als Symbol gebraucht, ohne die menschliches Leben nicht möglich ist. Gott will uns deutlich zeigen, daß ohne den Geist, ohne seinen Geist, kein wirkliches menschliches Leben möglich ist. Denn menschliches Leben heißt nicht dahinvegetieren, sich körperlich am Leben erhalten.

Menschliches Leben bedeutet: nie aufhören, Neues zu lernen; nie aufhören, geistig zu wachsen; nie aufhören, Erkanntes weiterzugeben.

Menschliches Leben ist erst dann wirklich möglich, wenn wir uns geistig austauschen können; wenn wir von unseren Erfolgen erzählen und für unsere Niederlagen uns trösten lassen können; wenn wir Liebe empfangen und Liebe schenken dürfen.

Erst unser *geistiges* Leben erweckt uns zu richtigem Leben. Erst der Geist in unserem Leben schenkt uns die Fülle des Lebens. Und diese hat uns Jesus ja ebenso versprochen wie seinen Geist: »Ich bin gekommen, damit sie das Leben haben und es in Fülle haben.« (Joh 10,10)

Leben in Fülle

Leben in Fülle haben, ein Leben in Freude, ein Leben in Freiheit, ein Leben in Frieden und Liebe: dieses wirkliche, echte Leben will uns der Geist Gottes schenken.

Er schenkt es jedem von uns. Auch Ihnen.

Sie müssen ihn nur suchen wollen.

Sie müssen nur Sehnsucht nach ihm haben.

Sie müssen nur bereit sein, ihn wirklich einzulassen.

Ihn wirklich in Ihrem Leben wirken zu lassen.

Es klingt unglaubhaft und wie in einem Märchen: Der Heilige Geist ist auch *heute noch spürbar* unter uns Menschen tätig. Auch heute noch verleiht er Menschen ungeahnte Kräfte, verströmt er seinen Geist an alle, die ihn aufnehmen; an alle, die sich von ihm leiten lassen wollen.

Auch Sie kann Gottes Geist von Ihren Depressionen erlösen und von Ihren Ängsten freimachen, auch Ihnen kann er den Rücken stärken und nie geahnte Kräfte verleihen.
Sie müssen ihm nur Raum geben in Ihrem Leben.
Ihn in sich aufnehmen wollen.
Sich ihm unterstellen wollen.

Empfangender sein wollen

Wir sagen oft so leicht dahin, was wir angeblich gerne möchten. In Wirklichkeit sperren wir uns oft in unserem Herzen, sperren wir uns in unserem Unterbewußtsein.
Erst vor einer Woche hatte ich ein langes Nachtgespräch mit einem jungen Mann, der auf der Suche nach dem Sinn seines Lebens ist. Er steckt voller Fragen und Probleme. Jedesmal, wenn ich bei einer einzelnen Frage, bei einem einzelnen Problem einhaken, nachfassen wollte, wich er schnell wieder aus.
»Ja, das weiß ich schon. Aber . . .«
Es gibt kein größeres Hindernis in der Entwicklung des eigenen Lebens, als die gerade heute so weit verbreitete Besserwisserei.
»Das weiß ich schon alles.«
Das gilt im besonderen für das Wirken des Heiligen Geistes in meinem eigenen Leben. Wenn ich alles schon besser weiß, wie soll er mir da noch helfen können?
Wenn ich nur auf das höre in einem Gespräch oder Vortrag, was mir in meine bisherige Vorstellungswelt, zu meinen bisherigen Plänen paßt, dann kann ich nichts Neues erfahren.
Wenn ich nur das in meinem Buch, nur das in der Heiligen Schrift mit Aufmerksamkeit lese, was ich selbst zu finden hoffe, dann kann ich ja nichts Neues für mein Leben hinzulernen.

Beobachten Sie sich einmal, wie sehr wir heute nur noch selektiv zuhören und selektiv lesen. Das heißt: wir hören und lesen nur noch das mit unserem vollen Bewußtsein, was uns in unsere vorgefaßte Vorstellungswelt paßt.

Alles andere, was sich da nicht einfügen läßt, was uns eventuell darin stört oder vielleicht zum Umdenken veranlassen könnte, all das, was uns unbequem werden könnte, nehmen wir nicht mehr bewußt zur Kenntnis. Wir lesen oder hören darüber hinweg.

Der erste Schritt, mich dem Wirken des Heiligen Geistes zu öffnen, besteht daher darin, daß ich *in einer echten kindlichen Haltung* – das heißt: wie ein kleines Kind vor seinem großen Vater – vor Gott stehe: daß ich Gott als den Herrn und Schöpfer meines Lebens bitte, *er* möge mein Leben führen. *Er soll durch seinen Heiligen Geist auch in der Wirklichkeit des Alltags der Herr meines Lebens sein.*

Das heißt, »*Empfangender*« sein zu wollen: ich weiß noch lange nicht alles selbst. Ich möchte noch viel lernen, viel für mein Leben empfangen.
Über mir ist einer, von dem habe ich mein Leben geschenkt bekommen.
Über mir ist einer, der viel größer und viel weiser ist als ich.
Über mir ist einer, der schon lange vor mir war und noch lange nach mir sein wird.

Er allein soll mein Herr sein.

Er allein soll mein Leben durch seinen Heiligen Geist führen.
Allein auf *seinen* Geist will ich hören.

Der auch heute noch in uns wirkt

Gottes Geist will uns durch die lebensspendenden Symbole zeigen, daß er auch heute noch in uns wirkt:

»So wie die Luft, so wie der Wind, der alles durchdringt, so durchdringt alles mein Geist.

Ich, der Geist Gottes, erfülle dich selbst ganz und gar. Ich bin in dir, wie die Luft in deinen Zellen. Ich bin in dir, wie das Wasser in deinem Blut. Ich bin in dir, wie das Feuer deiner eigenen menschlichen Liebe.

Ich – der Geist Gottes – stelle dir auch heute noch alle meine Kraft zur Verfügung. Du mußt mich nur in dich einlassen. In dir selbst wirken lassen.«

Wirken lassen aber können wir Gottes Geist nur, wenn wir ihn und sein Wirken auch kennen. Das heißt: wenn wir uns auf die Suche nach ihm machen.

Wenn wir eine große Sehnsucht nach ihm haben.

Sind wir bereit?

In der Bergpredigt ruft uns Jesus zu: »Selig, die hungern und dürsten nach der Gerechtigkeit; denn sie werden satt werden.« (Mt 5,6)

Dieses Hungern und Dürsten nach dem Willen Gottes: daß *sein* Reich, *seine* Herrschaft unter uns anbreche – das alles meint Jesus, wenn er von Gerechtigkeit spricht –, dieses Hungern und Dürsten wird uns satt machen.
Das verspricht uns der Herr.

Hungern und dürsten, das heißt: eine brennende Sehnsucht, ein nie endendes Verlangen haben, daß *sein* Wille geschieht, daß *sein* Reich komme.
Das aber heißt wiederum nichts anderes, als daß *sein Geist herrsche;* daß sein Geist, Gottes Geist, unter uns Menschen wirken kann; daß sein Geist – und nicht unser Geist – im täglichen Leben entscheidet.

30

Hier stellt sich uns eine wesentliche existentielle Frage: Wollen wir das wirklich?

Sind wir dazu bereit, daß sein Geist – und nicht unser Geist –, daß sein Wille – und nicht unser Wille – geschieht?

Sind wir dazu bereit, diese Entscheidung bei *allen* Fragen unseres Lebens anzuwenden?

Sind wir dazu bereit, uns auch in unbequemen Situationen für Gottes Geist – und nicht für unseren Geist – zu entscheiden?

Sind wir dazu bereit, uns Gottes Geist überall und immer zu unterstellen? Ob es uns gelegen oder ungelegen ist?

Haben Sie Hunger und Durst?

Überlegen Sie einmal, wie konkret der Herr in der Bergpredigt spricht, wenn er die Worte »hungern und dürsten« gebraucht.

Wann hatten Sie das letzte Mal richtigen Heißhunger?

Wann hat Ihnen das letzte Mal so richtig der Magen geknurrt?

Was heißt wirklich »dürsten«? Dürsten wie in einer Wüste. Mit heraushängender Zunge . . .

So bildhaft spricht der Herr. Aber ein Bild reicht ihm noch nicht. Beide Bilder fügt er zusammen: Selig, die hungern *und* dürsten.

Denen gilt meine Verheißung, sagt Christus. Denen gilt mein Versprechen: sie werden satt werden. Ihre Sehnsucht wird erfüllt werden.

So kommt Gottes Geist

Wenn es Ihnen Ernst damit ist, daß Gott lebt und daß Gottes Wille geschieht und nicht der Ihre;

wenn Sie Sehnsucht nach ihm haben, Sehnsucht nach seinem Geist;

wenn Sie brennendes Verlangen nach seiner Gerechtigkeit haben;

wenn Sie in Ihrem Leben anfangen, nach seinem Willen zu fragen und nicht nach Ihrem;

wenn Sie Ernst damit machen, nach seinem Willen zu leben und nicht nach Ihrem;

wenn Sie es ausprobieren, was dann geschieht, wenn Sie nach seinem Heiligen Geist und nicht nach Ihrem Geist entscheiden;

wenn Sie *nicht immer sofort alles besser wissen,* sondern viel lieber *zuerst einmal ihn,* den Geist Gottes, fragen:

Dann wird sein Geist in Ihnen zu wirken anfangen.

Dann wird Gottes Geist auch in Ihrem Leben *zu einer einmaligen großen Kraft* werden!

Dann werden Sie sehr bald spüren, mit welch unendlicher Liebe Gott durch seinen Heiligen Geist Ihr Leben führt und begleitet.

Sie müssen das einfach einmal ausprobieren, ihm ganz Ihren Willen zu unterstellen. Ihr Leben nur noch von ihm führen zu lassen.

Lassen Sie mich einige Beispiele bringen: Wenn ich erregt, verärgert bin und lospoltern will, und wenn ich es in diesem Moment noch fertigbringe, mich kurz zu fragen: »Herr, was ist jetzt dein Wille?«, dann wird es bestimmt kein Poltern mehr geben, vielleicht nur noch ein starkes Schlucken . . .
Wenn ich kurz vor irgendeiner Dummheit stehe und bringe es noch fertig, ihn zu fragen: »Herr, was willst du, daß ich jetzt tue?«, wird mir der Geist zeigen, wie unüberlegt meine momentanen Pläne sind und wie ich mich besser verhalten kann.

Wenn ich eine Inkorrektheit oder gar eine Ungerechtigkeit begehen will: »Herr, was ist dein Wille in diesem Fall?« Der Geist wird mich darauf hinweisen, wie ich mich falsch und wie ich mich richtig verhalte.

Auch Sie können und werden die Führung des Heiligen Geistes in Ihrem Leben erfahren, wenn Sie anfangen, nach seinem Willen zu fragen. Wagen Sie einmal einen Versuch:

Wenn Sie dieses Buch zur Seite legen und sich wieder Ihrem Alltag zuwenden, dann fragen Sie sich: »Herr, was ist jetzt dein Wille? Was willst du, daß ich jetzt tue?«

Wenn wir anfangen, mehr auf Gottes Geist zu hören, als auf unseren schwachen menschlichen Geist, mehr Gottes Willen, als unseren ego-zentrierten menschlichen Willen erfüllen zu wollen, dann wird Gott auch uns mit seinem Geist zur Seite stehen. Gott wird auch uns die Hilfe seines Heiligen Geistes zukommen lassen.

Wir müssen uns ihm nur anvertrauen!

Das ist sein Wille

Wer soll unser Leben denn besser führen können, als der große, allmächtige Gott; der Schöpfer des Weltalls; der Schöpfer der Erde; der Schöpfer von uns Menschen?

Gehen Sie zu ihm. Sie können *mit jedem Anliegen* zu ihm gehen. Sie können alles mit ihm besprechen. Ihm alles anvertrauen. Gott als unser Vater weiß doch, was wir als seine Kinder nötig haben. (Mt 6,8)

Wichtig ist nur, daß wir auch bereit sind, uns ganz seinem Willen zu unterstellen. Daß wir bereit sind, nur das zu tun, was seiner unermeßlichen Vaterliebe entspricht.

Denn das ist ja sein Wille, das ist sein Gebot: »Ein neues Gebot gebe ich euch: Liebt einander! Wie ich euch geliebt habe, so sollt auch ihr einander lieben. Daran werden alle erkennen, daß ihr meine Jünger seid: wenn ihr einander liebt.« (Joh 13,34f)

Das ist sein Wille: daß wir nur nach seiner Liebe handeln, nur nach seiner Liebe entscheiden.

Christus hat nie davon gesprochen, daß er von uns Menschen große Leistungen erwartet. Er erwartet von uns nur, daß wir ihm gehorsam sind.

»Wenn ihr mich liebt, werdet ihr meine Gebote halten . . . Wer meine Gebote hat und sie hält, der ist es, der mich liebt; wer mich aber liebt, wird von meinem Vater geliebt werden, und auch ich werde ihn lieben und mich ihm offenbaren.« (Joh 14,15.21)

Nur darauf kommt es an: *daß wir seine Liebe in unseren Herzen wachsen lassen und daß wir seine Liebe in die Welt hinein weitergeben.* Dafür hat Christus uns versprochen: »Ich werde ihn lieben und mich ihm offenbaren.« (Joh 14,21)

Zwei Verse weiter beteuert es Jesus noch einmal eindringlich: »Wer mich liebt, *der wird sich nach meinem Wort richten,* und mein Vater wird ihn lieben. Ich werde mit meinem Vater zu ihm kommen, und *wir werden bei ihm wohnen.*« (Joh 14,23 GN)

Das ist eine Verheißung Jesu, ein festes Versprechen an uns: wenn wir uns an sein Wort halten, an sein neues Gebot, das er uns gegeben hat, dann wird er bei uns sein! »Wir werden bei ihm wohnen!«

Gott wird bei mir sein. Gott wird in mir wohnen, wenn ich nach seinem Willen frage, wenn ich seinen Geist in mir lebendig werden lasse.

Beobachten Sie sich einmal, wenn Sie wieder einmal ohne Hoffnung, vielleicht gar »am Boden zerstört« sind. Sind wir nicht dann immer »ohne Hoffnung«, »ohne Kraft«, wenn wir uns zu sehr auf uns selbst, auf unsere eigenen schwachen Kräfte verlassen haben? Haben wir nicht dann immer die meiste Angst, wenn wir uns in unserer eigenen Schwachheit und Armseligkeit erleben? Kommt dann nicht sehr rasch die Angst in unser Leben, wenn wir uns auf unsere eigene Begrenztheit angewiesen und beschränkt sehen?

Wie aber sieht mein Leben aus, wenn ich zuerst nach dem Willen Gottes frage? Wenn ich sage und bete: »Herr, nicht mein Wille, sondern dein Wille geschehe. Ich will mir nur das wünschen und das tun, was deinem Willen entspricht. Dein Reich komme.

Sende mir deinen Geist, damit ich deinen Willen erkenne. Damit dein Geist mich leite und stärke, weil ich allein zu schwach bin. Weil ich allein den Weg nicht finde.«

Wenn ich mich so Gottes Willen – und damit ja Gottes Führung – anvertraue, wenn ich *seinen* Geist in mir lebendig lassen werde, dann darf und kann ich meinen Weg ohne jede Angst gehen, denn er, der große allmächtige Gott, ist ja bei mir!

Nicht mehr ich allein muß meinen Weg gehen, sondern Gott geht ihn mit mir gemeinsam.

Nicht mehr ich allein muß Entscheidungen treffen, sondern die Kraft des Heiligen Geistes steht mir bei. Ich bin nicht mehr allein in meinen Schwierigkeiten, sondern Gottes Geist stärkt mich.

Er leitet mich.

Er beschützt mich.

Und *er* führt mich. Er zeigt mir, daß nichts wichtiger in meinem Leben ist als sein Gebot der Liebe. Daß das sein Wille ist: »daß ihr einander liebt, wie ich euch geliebt habe.« (Joh 13,34)

Danach kann und soll ich alle meine menschlichen Entscheidungen ausrichten: an seiner Liebe.

Wie oft aber machen wir es umgekehrt! Wir richten uns nicht nach Gottes Gebot und Gottes Willen, sondern nach unseren eigenen menschlichen Vorstellungen, nach unserem eigenen Willen.

Wieviel Ärger und Streit könnte in unseren Familien vermieden werden, wenn uns sein Wille wichtiger wäre als unsere eigenen egoistischen Vorstellungen. Wenn wir mehr an sein Gebot der Liebe und weniger an unsere dickköpfigen Erziehungswünsche denken würden.

Gottes Geist läßt mich nicht im Stich, wenn ich ihn nicht im Stich lasse. Das aber heißt: daß ich nach seinem Willen lebe, daß ich immer in seiner Liebe bleibe. *Daß mir nichts wichtiger ist, als daß seine Liebe zur Entfaltung in dieser Welt kommt.* Daß seine Liebe weitergegeben wird. Daß seine Liebe sich ausbreiten und wachsen und immer mehr Menschen erfüllen kann.

Gottes Geist führt Sie

Ich möchte Ihnen Mut machen, Ihr Leben ganz der Führung durch den Heiligen Geist zu unterstellen. Sich in allen Ihren Entscheidungen nur noch von der Liebe Gottes leiten zu lassen. Dann werden auch Sie sehr bald spüren, *mit welch unendlicher Liebe* Gott durch den Heiligen Geist Ihr Leben führt und begleitet.

Sie werden die Führung des Heiligen Geistes immer dann am stärksten spüren, wenn Sie voll und ganz bereit sind, der Liebe zu den Menschen Vorrang gegenüber allen anderen Fragen und Sorgen zu geben.
Sie sitzen zum Beispiel über einer sehr wichtigen Arbeit und werden dabei gestört, weil ein anderer Ihre Hilfe braucht. Wenn Sie dann nicht ärgerlich sind, sondern diese Unterbrechung als Gottes Willen ansehen; wenn Sie diese Störung als eine Chance annehmen, Ihre Liebe zu beweisen, dann wird Ihnen der Geist Gottes ganz bestimmt auch diese Störung wieder zum Guten gereichen lassen.
Wenn es uns Ernst damit ist, daß wir nach seinem Willen leben und seine Liebe weitergeben wollen, dann wird Gottes Geist jede Entscheidung, die aus der Liebe getroffen wird, mit einem großen Segen erfüllen.

Gott will, daß wir alle unsere Fähigkeiten zur Entfaltung bringen. An erster Stelle aber steht bei ihm immer die Liebe. Die Liebe zu allen Menschen, die uns brauchen. Die Liebe zu allen Menschen, die uns Gottes Geist schickt.

Es nützt weder uns noch dem Reich Gottes, wenn wir zum Beispiel eine wichtige Aufgabe voller Eifer vorbereiten oder durchführen wollen, dabei aber wegen unseres Tatendranges blind sind für die Not eines anderen Menschen, der gerade jetzt unsere Hilfe erwartet. Vorrangig ist immer Gottes Wille. Der aber heißt: daß wir einander lieben. Daß wir einander helfen. Daß wir aufeinander Rücksicht nehmen. Unter diesem Gesichtspunkt können wir unsere ganze Zeit der Führung durch den Heiligen Geist anvertrauen. Er kann unsere Zeit doch viel besser verwalten und uns viel besser führen, als wir es je allein fertigbringen würden. (Siehe auch »Die Kennzeichen«.)

Wenn Sie Ernst damit machen, daß nicht mehr Ihr Wille, sondern nur noch sein Wille auch über Ihre freie Zeit, auch über alle Ihre Aktivitäten bestimmt; daß nur noch sein Geist herrsche und nicht mehr Ihr Geist, dann werden auch Sie in einer wunderbaren Art erfahren, wie Jesus sein Versprechen hält: »Ihr werdet die Kraft des Heiligen Geistes empfangen, der auf euch herabkommen wird.« (Apg 1,8)

DAS GESCHENK

Uns allen geschenkt

Diese Kraft des Heiligen Geistes hat seit dem Pfingstfest in Jerusalem die Apostel nicht mehr verlassen. Im fünften Kapitel der Apostelgeschichte lesen wir, wie sich Petrus freimütig und ohne Angst vor dem Hohenpriester zu Jesus bekennt. In diesem Bekenntnis versichert Petrus, daß Gott »allen den Heiligen Geist verliehen hat, die ihm gehorchen.« (Apg 5,32)

Gott will uns durch das Geschenk des Heiligen Geistes zeigen, wie sehr er uns lieb hat: ». . . denn die Liebe Gottes ist ausgegossen in unsere Herzen durch den Heiligen Geist, der uns gegeben ist.« (Röm 5,5)

Oder wie es in der »Guten Nachricht« übersetzt ist: »Gott hat uns ja seinen Geist geschenkt und uns dadurch gezeigt, wie er uns liebt.« (Röm 5,5 GN)

Paulus schreibt an die Korinther: »Er hat uns seinen Geist geschenkt als Pfand für das, was er uns noch geben will.« (2 Kor 1,22 GN)

Im ersten Brief an die Korinther bekräftigt Paulus, daß dieses Geschenk des Geistes allen Christen gilt: »Jedem aber wird die Offenbarung des Geistes geschenkt.« (1 Kor 12,7)

Im Vers 13 des gleichen Kapitels fügt Paulus nochmals an: ». . . alle wurden wir mit dem einen Geist getränkt.« (1 Kor 12,13)

Dem Titus bestätigt Paulus die Gabe des Heiligen Geistes an uns alle, und er weist ihn auch darauf hin, warum wir den Heiligen Geist erhalten: »Ihn hat er in reichem Maße über uns ausgegossen durch Jesus Christus, unseren Retter, damit wir durch seine Gnade gerecht gemacht werden und das ewige Leben erben, das wir erhoffen.« (Tit 3,6f)

Ja, mehr als in reichem Maß schenkt uns Christus den Heiligen Geist. Schon Johannes der Täufer verbrieft sich dafür: »Er gibt den Geist unbegrenzt« verkündet Johannes seinen eigenen Jüngern, die zu ihm kamen, als es einen Streit gab über die Frage der Reinigung. (Joh 3,34)

Er gibt den Geist unbegrenzt!

Welch ein Versprechen, welch ein großes Geschenk im Hinblick auf die Kraft, die von diesem Geist ausgeht.

Das bewirkt sein Geschenk

Während ich im übernächsten Abschnitt ganz konkret auf die praktischen Wirkungen des Heiligen Geistes in unserem Alltag eingehe, sollen hier zunächst die Wirkungen des Geistes aufgezeigt werden, wie sie uns die Heilige Schrift bezeugt und verheißt.

Jesus selbst hat von dem Beistand gesprochen, den er uns schicken will, weil er weiß, wie sehr wir Kleingläubigen Kraft und Unterstützung brauchen.

Jesus will uns durch den Heiligen Geist vor allem *Kraft und Stärke schenken:*

»Ich bitte, er möge euch aufgrund des Reichtums seiner Herrlichkeit schenken, daß ihr in eurem Innern durch seinen Geist an Kraft und Stärke zunehmt.« (Eph 3,16)

»Denn Gott hat uns nicht einen Geist der Verzagtheit gegeben, sondern den Geist der Kraft, der Liebe und der Besonnenheit.« (2 Tim 1,7)

»So nimmt sich auch der Geist unserer Schwachheit an.« (Röm 8,26)

Der Geist Gottes verleiht uns viele Eigenschaften, die unser Leben erst zu einem richtigen Leben machen. *Er führt uns in die ganze Wahrheit ein:*

»Wenn aber jener kommt, der Geist der Wahrheit, wird er euch in die ganze Wahrheit führen.« (Joh 16,13)

»Es ist der Geist der Wahrheit.« (Joh 14,17)

Er öffnet uns in der Welt die Augen. Er räumt auf mit falschen Vorstellungen. Er macht uns hellhörig und stärkt unser Gewissen:

»Wenn er kommt, wird er die Welt überführen und aufdecken, was Sünde, Gerechtigkeit und Gericht ist.« (Joh 16,8)

Der Geist Gottes schenkt uns Weisheit und Einsicht:
»Der Beistand aber, der Heilige Geist, den der Vater in meinem Namen senden wird, wird euch alles lehren und euch an alles erinnern, was ich euch gesagt habe.« (Joh 14,26)
»Seit dem Tag, an dem wir davon erfahren haben, hören wir nicht auf, inständig für euch zu beten, daß ihr in aller Weisheit und Einsicht, die der Geist schenkt, den Willen des Herrn ganz erkennt.« (Kol 1,9)

Vor allem aber schenkt uns der Heilige Geist ein neues Leben:

»Wer sich auf seine eigenen Fähigkeiten verläßt, wird den Tod ernten. Wer sich von Gottes Geist leiten läßt, wird unvergängliches Leben ernten.« (Gal 6,8 GN)
»Denn unser Leben wird jetzt vom Geist Gottes bestimmt und nicht mehr von unserer eigenen Natur. Wenn jemand nach seiner Natur lebt, wird er ganz von seinen eigensüchtigen Wünschen beherrscht. Wenn dagegen der Geist Gottes in ihm lebt, wird er ganz von diesem Geist bestimmt. Die eigenen Wünsche führen zum Tod, der Geist Gottes dagegen schenkt Leben und Frieden.« (Röm 8,4–6 GN)

Neben dem Frieden für unser Leben finden wir durch den Heiligen Geist Freiheit und Freude:
»Der Herr aber ist der Geist, und wo der Geist des Herrn wirkt, da ist Freiheit.« (2 Kor 3,17)
»Wenn ihr euch aber vom Geist führen laßt, dann steht ihr nicht unter dem Gesetz.« (Gal 5,18)
»Denn das Reich Gottes ist nicht Essen und Trinken, es ist Gerechtigkeit, Friede und Freude im Heiligen Geist.« (Röm 14,17)
»Und die Jünger waren voll Freude und erfüllt vom Heiligen Geist.« (Apg 13,52)

Er schenkt uns Widerstandskraft und steht uns bei:
»Laßt euch vom Geist leiten, dann werdet ihr das Begehren des Fleisches nicht erfüllen.« (Gal 5,16)
»Wenn ihr wegen des Namens Christi beschimpft werdet, seid ihr selig zu preisen; denn der Geist der Herrlichkeit, der Geist Gottes, ruht auf euch.« (1 Petr 4,14)

Er führt uns im Glauben und gibt uns Hoffnung und Liebe:
»Warum gibt euch denn Gott den Geist und bewirkt Wundertaten unter euch? Weil ihr das Gesetz befolgt oder weil ihr die Botschaft des Glaubens angenommen habt?« (Gal 3,5)
»Der Gott der Hoffnung aber erfülle euch mit aller Freude und mit allem Frieden im Glauben, damit ihr reich werdet an Hoffnung in der Kraft des Heiligen Geistes.« (Röm 15,13)
». . . und er hat uns auch von der Liebe berichtet, die der Geist in euch bewirkt hat.« (Kol 1,8)

Eine neue Fülle des Lebens entsteht durch den Heiligen Geist:
»Die Frucht des Geistes aber ist Liebe, Freude, Friede, Langmut, Freundlichkeit, Güte, Treue, Sanftmut und Selbstbeherrschung . . . Alle, die zu Christus Jesus gehören, haben das Fleisch und damit ihre Leidenschaften und Begierden gekreuzigt. Wenn wir aus dem Geist leben, dann wollen wir dem Geist auch folgen. Wir wollen nicht prahlen, nicht miteinander streiten und einander nichts nachtragen.« (Gal 5,22–26)

Der uns verwandelt

Aus Kindern dieser Welt macht uns der Heilige Geist zu Kindern Gottes. Zu dem allgewaltigen Schöpfer des Weltalls, zu dem mächtigen Herrn über unsere Erde dürfen wir die zärtlichste Anrede gebrauchen, die es für Kinder gegenüber ihrem Vater gibt: »Abba.« Das entspricht unserem deutschen »Papa«.
Im achten Kapitel des Römerbriefes schreibt Paulus: »Denn alle,

die sich vom Geist Gottes leiten lassen, sind Söhne Gottes. Denn ihr habt nicht einen Geist empfangen, der euch zu Sklaven macht, so daß ihr euch immer noch fürchten müßtet, sondern ihr habt den Geist empfangen, der euch zu Söhnen macht, den Geist, in dem wir rufen: Abba, Vater! So bezeugt der Geist selber unserem Geist, daß wir Kinder Gottes sind.« (Röm 8,14–16)

Im Brief an die Korinther verspricht Paulus:»Wir alle sehen mit unverhülltem Gesicht die Herrlichkeit Gottes. Dabei werden wir selbst in das verwandelt, was wir sehen, und bekommen einen immer größeren Anteil an Gottes Herrlichkeit. Das bewirkt Christus durch seinen Geist.« (2 Kor 3,18 GN)

Dieser Geist Gottes, der alles verwandeln kann, ist heute so lebendig unter uns wie vor 2000 Jahren. An uns liegt es, das Wirken des Geistes in uns aufzunehmen, in uns wachsen und reifen zu lassen, ihm keine Hindernisse in den Weg zu legen.
Wenn wir uns dem Wirken des Heiligen Geistes öffnen, wenn wir mit ihm die Wege gehen, die er uns aufzeigt, wird eine Dynamik in unserem Leben sich entfalten, der wir nur staunend gegenüberstehen:
Dunkelheiten sind plötzlich wie weggeweht, und unser Leben bekommt eine neue Richtung und hat wieder einen Sinn.
Wir spüren uns als Kinder Gottes und von der Liebe des Vaters getragen und geführt.
Der Geist Gottes macht vieles heil und neu in uns. Ja, er kann uns von langjährigen falschen Gewohnheiten ebenso befreien wie von Leidenschaften oder von der Sünde.

So finden wir unser Leben verwandelt vor, wenn wir Gottes Geist einlassen in unser Herz. Wenn wir ihm vor allem erlauben, die Herrschaft über unser Leben anzutreten.
Er kann und wird unser Leben verwandeln, wenn wir offen für seinen Anruf sind und die Wege gehen, zu denen er uns einlädt.

DIE WEGE

Keine Intelligenzfrage

Jesus hat *allen* Gläubigen den Heiligen Geist versprochen, damit er in uns wohnt, uns in alle Wahrheiten einführt und uns in allen Bereichen leitet. (Apg 5,32) Dabei offenbart sich der Geist nicht nur unserem Verstand. Wir können Gott ja nicht mit unserem Gehirn erfassen.

Die Begegnung mit dem lebendigen Gott ist allein ein Geschenk Gottes, und darum ist ein Weg unsere Vorbereitung auf dieses Geschenk hin. Wir können den Heiligen Geist aber nicht mit eigenen menschlichen Anstrengungen »erobern«. Weder durch Anstrengungen unseres Verstandes, noch durch unseren Willen oder durch irgendeinen Gefühlsaufschwung.

Manche suchende Menschen wollen Gott erst mit ihrem Verstand erfassen, bevor sie zu einer Begegnung bereit sind. Sie lesen viele Bücher und hören intelligente Vorträge; sie tun sich schwer auf ihrem Weg zu Gottes Wirken in ihrem Leben, weil sie ihn zuerst mit ihrer menschlichen Vernunft erklären wollen.

Aber die Erfahrung Gottes ist keine Intelligenzfrage. Es ist sogar oft umgekehrt: Je verstandesmäßiger ein Mensch eingestellt ist, um so kopflastiger ist er oft, und um so schwerer tut er sich, die Herrlichkeit und Liebe Gottes zu erfahren. (1 Kor 1,20–25)

Die Erfahrung des Geistes Gottes ist vor allem eine Frage meines Herzens, meiner Sehnsucht, meines Verlangens. Denn in der Mitte meiner Person will Gott mich treffen, um mir Liebe zu schenken, und aus dieser Liebe Erkenntnis und Freude. (Phil 1,9)

Am deutlichsten sagt es uns Jesus bei der Segnung der Kinder, wie wir den Geist Gottes empfangen können: »Laßt die Kinder zu mir kommen . . . denn Menschen wie ihnen gehört das Reich Gottes . . . Wer das Reich Gottes nicht so annimmt wie ein Kind, der wird nicht hineinkommen.« (Mk 10,14f)

Wie ein Kind . . .

Sehnsucht haben wie ein Kind.

Suchen wie ein Kind.

Staunen wie ein Kind.

Vertrauen wie ein Kind.

Von Gott schenken lassen

In unserem ganzen religiösen Leben können wir keine Fortschritte erzielen, wenn wir etwas allein erzwingen wollen. Jesus hat es uns selbst gesagt. Wir vergessen nur so schnell dieses sein Wort, weil wir uns gar nicht vorstellen können, daß etwas ohne uns, etwas ohne unsere eigene Anstrengung gehen soll.

Jesus sagt uns im Gleichnis vom Weinstock und der Rebe, wo es darum geht, wie wir Frucht bringen – also Leistungen erzielen – können: »Getrennt von mir könnt ihr nichts vollbringen.« (Joh 15,5)

Im zweiten Brief an Timotheus schreibt Paulus: ». . . nicht wegen unserer guten Taten, sondern weil Christus es so wollte, hat er uns gerettet und uns dazu berufen, sein Volk zu sein.« (2 Tim 1, 9 GN)

Wir erreichen mit den größten persönlichen Anstrengungen nichts, aber auch nichts in unserem geistlich-religiösen Wachstum, so lange wir etwas allein tun wollen.

Jesus kennt die Menschen. Er weiß, daß er uns allein nichts zumuten kann, daß wir ohne seine Hilfe und ohne die Hilfe des von ihm versprochenen Geistes nichts tun können. Den Pharisäern ruft er zu: »Wehe euch Gesetzeslehrern! Ihr ladet den Menschen Lasten auf, die sie kaum tragen können . . .« (Lk 11,46)

Auf die Frage »was müssen wir tun, um Gottes Willen zu erfüllen?« antwortet Jesus: »Gott verlangt nur eines von euch: ihr sollt dem vertrauen, den er gesandt hat.« (Joh 6,29 GN)

Paulus bestätigt es uns immer wieder, daß wir allein aus uns selbst heraus nichts tun können, daß es nicht auf unsere Leistungen ankommt, sondern auf unser Vertrauen: »Wer im Vertrauen auf das Fleisch sät, wird vom Fleisch Verderben ernten; wer aber im Vertrauen auf den Geist sät, wird vom Geist ewiges Leben ernten.« (Gal 6,8)

Oder wie es die »Gute Nachricht« übersetzt: »Wer sich auf seine eigenen Fähigkeiten verläßt, wird den Tod ernten. Wer sich von

Gottes Geist leiten läßt, wird unvergängliches Leben ernten.«
(Gal 6,8 GN)

So ist auch die Kraft des Heiligen Geistes denen verheißen, *die ihm vertrauen:* »Wer durstig ist, soll zu mir kommen und trinken – jeder, der mir vertraut! . . . Jesus meinte damit den Geist, den die erhalten sollten, die ihm vertrauten.« (Joh 7,37.39 GN)
Paulus ruft auch den Galatern zu, daß *nur das Vertrauen zu Jesus Christus* neues Leben durch den Geist Gottes schenkt: »Alle, die sich auf Jesus Christus verlassen, sollen den Geist erhalten, den Gott versprochen hat.« (Gal 3,14 GN)

So heißt ein wichtiger Schritt auf dem Wege zur Erlangung des Heiligen Geistes: Ich vertraue mich der Kraft des Heiligen Geistes an.

Ich glaube und bin überzeugt davon, daß Gottes Geist auch noch heute wirkt.

Ich vertraue darauf, daß Gottes Geist auch in meinem Leben wirken kann.

Will ich wirklich?

Ob mein Vertrauen in die Kraft des Heiligen Geistes echt ist, kann ich sofort prüfen, wenn ich mich der Frage stelle: Will ich überhaupt, daß Gottes Geist in meinem Leben, in einem neuen Leben von mir, wirksam wird?
Will ich überhaupt, daß in Zukunft Gottes Geist – und nicht mehr mein Geist – mein Leben lenkt und leitet?
Will ich überhaupt, ab sofort, ab dieser Stunde, daß Gottes Geist der Herr über mein Leben wird und es nicht mehr meine Begierden und Leidenschaften sind?

Das können Sie nicht? Sie werden mit der einen oder anderen

Leidenschaft nicht fertig? Nun, das ist jetzt und hier nicht die Frage, wie lange Sie sich schon mit der Bekämpfung einer Sünde abquälen, wieviel Enttäuschung Sie deswegen schon erleben mußten.

Die Frage heißt: Wollen Sie Ihr ganzes Leben – alle Ihre Wünsche, alle Ihre Siege und alle Ihre Niederlagen – der Kraft des Heiligen Geistes ausliefern und nicht mehr sich auf Ihre eigene Kraft verlassen?

Das ist die Kernfrage! Das ist die Entscheidung, die unser Leben verändern kann: Bin ich wirklich bereit, mein Leben ganz der Führung durch den Heiligen Geist zu unterstellen?

Will ich wirklich nur noch nach *seinem* Willen fragen, nach *seinem* Willen handeln?

Habe ich Sehnsucht danach, brennende Sehnsucht, daß *sein* Wille, daß *sein* Geist in meinem Leben lebendig wird?

Entscheidende Fragen

Haben Sie wirklich Sehnsucht nach dieser Kraft des Heiligen Geistes, durch den ein ängstlicher Petrus zu einem mutigen Bekenner wurde?

Haben Sie wirklich Sehnsucht nach dieser Kraft des Heiligen Geistes, die in nun fast 2000 Jahren in allen Erdteilen zaghafte Männer und furchtsame Frauen zu unerschrockenen Helden macht?

Haben Sie wirklich Sehnsucht nach dieser Kraft des Heiligen Geistes, durch den auch heute noch eine Mutter Teresa in Kalkutta, ein Roger Schütz in Taizé, ein Johannes Paul in Rom ebenso geführt werden wie viele gläubige Christen, die dem Geist Gottes alles, sich selbst aber nur sehr wenig zutrauen?

Haben Sie wirklich danach Sehnsucht?

Wie groß ist diese Ihre Sehnsucht?

Ein bißchen?

Vielleicht?

So erfahren wir den Heiligen Geist in keinem Fall.

Hungern und dürsten sollen wir, daß sein Wille geschieht, daß sein Geist in unser Leben kommt:
»Freuen dürfen sich alle, die *brennend* darauf warten, daß Gottes Wille geschieht; denn Gott wird ihre Sehnsucht stillen.« (Mt 5,6 GN)

Wie groß ist dieses Verlangen in uns?

Wie groß ist unser Vertrauen in diesen Geist? Vertrauen, daß er auch in unserem Leben zu einer unvorstellbaren Kraft werden kann? Vertrauen, daß er auch uns aus Fesseln befreien, daß er auch unser Leben neu gestalten kann?
Wenn Gottes Geist in uns wirken soll, müssen wir uns ihm restlos anvertrauen. Er kann in uns erst wirken, wenn wir uns ihm ganz unterstellen und nur noch ihn wirken lassen.

Machen wir Ernst damit, daß er wirklich der Herr dieser Welt ist?
Wollen wir wirklich Gottes Geist ganz in unser Leben einlassen?
Sind wir bereit, unser Leben ganz der Kraft des Heiligen Geistes zu unterstellen und alles aus seiner Hand anzunehmen?

Alles von ihm annehmen, weil wir wissen, daß der Geist Gottes der Geist eines liebenden Vaters ist; daß Gott stets nur aus Liebe handelt; daß er uns wie ein Kind umsorgen, führen und behüten will.
Weil er als der große, allmächtige Schöpfer unseres Lebens viel besser weiß, was uns wirklich zum Besten gereicht . . .

Von den Jüngern lernen

Wenn wir uns fragen, unter welchen Voraussetzungen die Jünger den Heiligen Geist erfahren haben, dann finden wir eine herausragende Eigenschaft: »Sie alle verharrten dort einmütig im Gebet.« (Apg 1,14)

Bei Lukas lesen wir von der Zeit nach der Himmelfahrt Jesu: »Und sie waren immer im Tempel und priesen Gott.« (Lk 24,53) Die Jünger Jesu *beteten* um die Kraft des Heiligen Geistes. Sie wußten, daß sie ohne Gottes Geist, ohne daß sie den Heiligen Geist empfangen hatten, nichts tun konnten. So hielten sie sich an das Versprechen, das ihnen Jesus schon gegeben hatte, als er vom Vertrauen beim Beten sprach.

Jesus erzählt in einem Beispiel, daß wohl kein Vater seinem Sohn eine Schlange gibt, wenn dieser ihn um einen Fisch bittet, daß kein Vater einen Skorpion statt eines Eies gibt. Und so fährt Jesus fort: »Wenn nun schon ihr, die ihr böse seid, euren Kindern gebt, was gut ist, wieviel mehr wird der Vater im Himmel den Heiligen Geist denen geben, die ihn bitten.« (Lk 11,13)

Wieviel mehr wird der Vater im Himmel den Heiligen Geist denen geben, die ihn bitten: das ist eine große Verheißung! Das ist ein festes Versprechen des Herrn, auf das wir bauen können: Gott schenkt uns den Heiligen Geist, *wenn wir ihn darum bitten!*

Wenn Sie noch kein großes Verlangen haben nach dem Heiligen Geist, weil Sie vielleicht noch ängstlich sind vor eventuellen Konsequenzen; wenn Sie vielleicht noch keine brennende Sehnsucht nach der Kraft des Heiligen Geistes haben, weil Sie sich darunter noch zu wenig vorstellen können: das ist menschlich und verständlich. Aber eines können Sie immer: den Vater bitten, daß er Ihnen diese Sehnsucht schenkt und daß er Sie von Ihrer Angst befreit. Gehen Sie zu ihm im Gebet und sagen Sie ihm Ihre Schwierigkeiten und Probleme, Ihre Fragen und Unklarheiten. Gott wird Sie nicht ohne Antwort lassen.

Seien Sie *ausharrend im Gebet* um den Heiligen Geist, wie es seine Jünger waren und wie es der Herr uns selbst empfohlen hat: »Jesus sagte ihnen durch ein Gleichnis, daß sie alle Zeit beten und darin nicht nachlassen sollten.« (Lk 18,1)

Wir wissen, daß wir um alles den Vater bitten dürfen: »Wenn ihr in mir bleibt und wenn meine Worte in euch bleiben, dann bittet um alles, was ihr wollt: Ihr werdet es erhalten.« (Joh 15,7) Um wieviel mehr dürfen wir ihn um seinen Heiligen Geist bitten. Gott wird ihn auch Ihnen schenken. Sie müssen ihn nur darum bitten.

Voller Vertrauen, daß Gott unser Vater ist.

Ausharrend im Gebet.

Was Jesus vorgelebt hat

Das war nicht ein einfaches, leichtes Spiel, als Jesus vom Geist in die Wüste geführt und dort am Ende des vierzigtägigen Fastens vom Teufel in Versuchung geführt wurde. (Mt 4,1) Weil wir wissen, daß Jesus der Sohn Gottes ist, nehmen wir diese Schriftstelle vom großen Versucher in der Wüste oft nicht ernst. Wir meinen, daß es für Jesus keine Schwierigkeiten gab, Versuchungen zu widerstehen. In Wirklichkeit ging es darum, daß Jesus in die Versuchung geriet, die ihm vom Vater gegebene Macht schon einmal auszuprobieren, auch wenn noch nicht die Zeit für ihn da war – auch wenn dabei nicht Gottes Wille erfüllt würde.

Wie gerne möchten wir zu unrechter Zeit schon tätig sein! Oder wie gerne möchten wir manchmal »nur einmal ausprobieren«. Jesus wußte, daß seine Zeit noch nicht gekommen war. Ohne zu überlegen – kein Gedanke an ein »nur einmal ausprobieren« –, ohne sich auch nur einmal ablenken zu lassen, widerspricht er dem Teufel und weist diesen in seine Schranken. Diesen *Gehorsam* gegenüber dem Vater, den Jesus seinen Jüngern bis zum Tod, ja bis zum Tod am Kreuz vorgelebt hat, diesen Gehorsam gegenüber dem Willen Gottes verlangt Jesus auch von allen, die die Kraft des Heiligen Geistes empfangen wollen. Seine Jünger fordert er auf:

»Bleibt in der Stadt, bis ihr mit der Kraft aus der Höhe erfüllt werdet.« (Lk 24,49)
Sein Auftrag ist klar und eindeutig: »Geht nicht weg von Jerusalem, sondern wartet auf die Verheißung des Vaters, die ihr von mir vernommen habt.« (Apg 1,4)

Jesus hätte direkt bei seinem Weggang zum Vater den Jüngern den Heiligen Geist senden können. Nein, er läßt sie erst warten. Sich vorbereiten.

Wenn Jesus durch den Heiligen Geist in unserem Leben wirken will, dann bereitet er uns zunächst darauf vor. Er macht uns bereit durch die Einübung, zuerst auf seinen Willen zu hören, sich ganz dem Willen des Vaters zu unterstellen.

Denn ohne ein Hören auf den Willen des Vaters, ohne Gehorsam gegenüber Jesus, erfahren wir nicht die Kraft des Heiligen Geistes.

Wie sollten wir sie auch erleben, wenn wir nicht auf Gott hören wollen? Wenn wir uns widerspenstig zeigen oder wenn wir meinen, etwas besser zu wissen als er?
Warum geraten wir so oft in Dunkelheiten, müssen Depressionen erleiden und ausweglos scheinende Situationen durchstehen?
Weil wir nur zu oft gegen den Willen Gottes uns entscheiden wollen. Weil wir nicht den Mut zu einer klaren, eindeutigen Haltung finden.
Weil wir selbst etwas besser wissen wollen als Gott, der uns seine Gebote nicht als Verbote gegeben hat. Der mit seinen Geboten nicht unsere Freiheit beschneiden, sondern unserem Leben Hilfe und Wegweisung geben will.

Wieviel Schaden stiftet unser ewiges »besser-wissen-wollen«, weil wir nicht das Wissen von Gottes Geist, sondern unser menschliches Wissen in den Vordergrund stellen. Weil wir nicht dem Willen des Vaters gehorsam sind, sondern allein uns nach unserem egoistischen Willen richten.

Jede Sünde in unserem Leben entspringt diesem »Besserwissen«. Ich will etwas besser wissen als Gott!

In erster Linie geht es nicht darum, daß wir allein zu schwach sind, mit einer Leidenschaft fertig zu werden; daß wir allein nicht die Kraft dazu haben, eine Sünde aus unserem Leben auszuräumen. Es geht darum, daß wir bei jeder Sünde nicht auf Gott hören wollen, uns Gott gegenüber ungehorsam zeigen. Wenn wir aber nicht anfangen, auf Gott zu hören, Gott gehorsam zu sein, kann seine Kraft in uns auch nicht wirksam werden.

»Zeugen dieser Ereignisse sind wir und der Heilige Geist, den Gott allen verliehen hat, die ihm gehorchen.« (Apg 5,32) Den Gott allen verliehen hat, *die ihm gehorchen*. Das heißt: die auf ihn »hören«. Und: die zu ihm, zu seinem Reich, »gehören« wollen.

Nicht in allen Punkten können wir gleich gehorsam gegenüber Gott sein. Manche Gewohnheiten haben sich festgesetzt und sind nicht von heute auf morgen – und schon gar nicht durch uns selbst – auszumerzen. Das können wir uns nur von ihm schenken lassen und nicht aus uns erreichen. Aber wir können *in gläubigem Vertrauen* täglich *voller Sehnsucht* zu Gott gehen und *auf sein Wort hören wollen*. Auf seine Weisung, die er uns durch seinen Geist sagen will.

Wenn wir bei den kleinsten Dingen im Leben anfangen, nach seinem Willen zu fragen; wenn wir anfangen, im Kleinen treu zu sein, in früher unwichtig erschienenen Fragen auf ihn »hören« wollen: dann wird eine große Kraft über unser Leben kommen; eine Kraft, die viele Hindernisse hinwegschwemmt.

Eine Kraft, die mit Schwierigkeiten und Sünden aufräumt, mit denen wir in vielen Jahren nicht fertig geworden sind.

Eine Kraft, die uns freimacht von vielen Fesseln.

Der Geist der Wahrheit

Als Jesus seinen Jüngern einen Stellvertreter verheißen hat, einen Beistand, da spricht der Herr ausdrücklich vom »Geist der Wahrheit«:
»Ich werde den Vater bitten, und er wird euch einen anderen Beistand geben, der für immer bei euch bleiben soll. Es ist der Geist der Wahrheit, den die Welt nicht empfangen kann, weil sie ihn nicht sieht und nicht kennt. Ihr aber kennt ihn, weil er bei euch bleibt und in euch sein wird.« (Joh 14,16f)

Gott ist die Wahrheit. Die erste und die größte. Daher kann auch der Geist Gottes nur ein Geist der Wahrheit sein und nur *in denen wohnen, in denen selbst die Wahrheit lebendig ist.*

Wenn wir uns mit großem Verlangen nach der Kraft des Heiligen Geistes sehnen und wenn wir ihn »in ausharrendem Gebet« von Gott erflehen, wird er uns dazu befähigen, aus unserem Leben alles Unwahre und alles Unkorrekte zu verbannen.

»Wenn aber jener kommt, der Geist der Wahrheit, wird er euch in die ganze Wahrheit führen.« (Joh 16,13)
Gott duldet gerade in diesem Bereich keine Halbheiten. In einem lange währenden Prozeß führt er uns liebevoll zu Aufrichtigkeit und Korrektheit in allen Bereichen unseres Lebens. Gott macht uns deutlich, wo in unserem Leben Unwahrheit ist, und er gibt uns auch die Einsicht dazu, daß wir uns von ihm gerne ändern lassen.

Früher, als ich noch einen größeren Betrieb leitete, hatte ich in dieser Firma die Richtlinie ausgegeben, daß Fehler bei Rechnungen nur reklamiert und berichtigt werden, wenn sie zu unseren Ungunsten sind oder wenn sie eine bestimmte Höhe überschreiten. »Abgesichert« dazu war ich durch die Meinung eines Theologen, daß jede Firma selbst für ihre Rechnungen verantwortlich ist und daher auch Fehler, die sie zu ihren Ungunsten begeht, selbst in Kauf nehmen muß.

Seit ich in meinem Leben die Führung des Heiligen Geistes erfahren darf, erlebe ich sehr oft, wie sich Menschen – zum Beispiel an der Ladenkasse oder beim Abrechnen in Gasthäusern – zu ihren Ungunsten verrechnen.

Manchmal möchte ich in alte Gewohnheiten zurückfallen und den Fehler des anderen übersehen.

Aber Gott will – und er zeigt das deutlich in jeder dieser Situationen –, daß wir uns ganz korrekt und wahrhaftig verhalten.

Ich glaube, daß gerade diese Korrektheit und Wahrhaftigkeit auch ein Teil des Weitergebens seiner Liebe ist. Wie oft werden wir von fremden Menschen angestrahlt, wenn wir sie auf ihr Versehen aufmerksam machen. Erst kürzlich wieder auf einem Weinfest hatte sich ein Kassierer bei mir bei jedem späteren Vorübergehen nochmals freundlich und höflich bedankt, weil ich ihm einen zuviel zurückgegebenen Zehnmarkschein wieder ausgehändigt habe.

Der Geist Gottes wird sich auf die Dauer von uns wieder abwenden, wenn wir hier nicht Ernst machen, wenn wir hier nicht auf seine deutlich zu vernehmende Stimme hören:

Gott ist die Wahrheit, und er will, daß auch unser Leben nur von der Wahrheit erfüllt und durchstrahlt wird.

Im Gespräch mit der Samariterin am Brunnen sagt Christus, mit welchen Menschen der Vater Kontakt haben will:

»Aber die Stunde kommt, und sie ist schon da, zu der die wahren Beter den Vater anbeten werden im Geist und in der Wahrheit; denn so will der Vater angebetet werden. Gott ist Geist, und alle, die ihn anbeten, müssen im Geist und in der Wahrheit anbeten.« (Joh 4,23)

Hindernisse ausräumen

Das Wirken des Heiligen Geistes in unserem Leben unterliegt Gesetzen, die sich zunächst widersprüchlich ansehen:

Einerseits erfahren wir als Menschen immer wieder, daß wir im geistlichen Leben nichts erzwingen können. Daß wir nichts erreichen, wenn wir uns auf unsere eigene schwache, menschliche Kraft allein verlassen. Wir müssen – und dürfen – zu Gott hingehen mit allen unseren Fehlern, mit allen unseren Schwächen, und dürfen ihn bitten, daß er mit seiner großen Gnade, daß er mit der Kraft seines Heiligen Geistes in unserem Leben wirken möge und uns aus unseren Sünden und Ängsten befreit.

Doch wirkt Gottes Geist nicht in unserem Leben, wenn wir nicht auch von uns aus alles dazu beitragen, was uns selber möglich ist. Wenn wir uns nicht bereit machen, daß sein Geist in uns zu leben beginnen kann.

Gott hat uns einen freien Willen gegeben. Mit diesem eigenen freien Willen schaffen wir viel Positives in unserem Leben.

Wir legen uns manchmal aber auch Hindernisse in unseren Weg. Andere legen uns Hindernisse. Diese müssen wir zu Gott hintragen, damit er uns davon befreit und sein Heiliger Geist immer mehr Raum in uns gewinnen kann.

Wesentliche Hindernisse wurden bereits angesprochen:
Unsere vorlaute Besserwisserei.
Unser Ungehorsam gegenüber Gottes Willen.
Unwahrhaftigkeit. Unkorrektheit.
In jedem Menschen gibt es andere Hindernisse, die einem Wirken des Heiligen Geistes im Wege stehen. Das kann zum Beispiel Ungeduld, Nicht-zuhören-können, Nicht-warten-können sein.

Oder Wichtigtuerei. Angeben. Sich in den Vordergrund-stellen-wollen.

Immer recht haben, immer recht behalten wollen.

Sich nicht entschuldigen können.

Lieblosigkeit in jeder Form.

Einer meiner Freunde sagte einmal: »In der Übernächstenliebe bin ich groß, nur in der Nächstenliebe, da hapert es bei mir.«
Wie oft wollen wir große Leistungen vollbringen. Da begeistert uns eine Mutter Teresa in Kalkutta; wir möchten am liebsten auch unser ganzes Vermögen verschenken. Nur unserem eigenen Ehepartner einmal ein Wort der Entschuldigung oder ein Wort der Anerkennung zu sagen, das bringen wir nicht fertig.

Da sehen wir die große Not vereinsamter Menschen in Gefängnissen oder Flüchtlingslagern; am liebsten möchten wir unsere ganze Zeit nur noch diesen Menschen widmen. Aber einmal eine Stunde außerhalb der überkommenen Zeiten unseren allein lebenden Eltern zu schenken, das fällt uns nicht ein. Hier leben wir gedankenlos in den Tag hinein.

Da sehen wir die Not kranker Kinder und möchten am liebsten nur noch in Not geratenen Kindern helfen. Wir übersehen aber, wie sehr unsere eigenen Kinder Hilfe von uns nötig hätten und nehmen uns viel zu wenig Zeit für sie.

Wenn Gottes Geist in unserem Leben zu wirken beginnt, dann zeigt er uns, mit welchen Gedankenlosigkeiten wir aufräumen sollen.

Wo wir öfters eine kurze Pause einlegen sollen, um unser Tun neu von Gott inspirieren zu lassen:
Was ist gerade *jetzt* meine wichtigste Aufgabe?
Was ist gerade *jetzt* meine Pflicht?
Was willst du, Heiliger Geist, das ich *jetzt* zuerst tue?

Viele unserer Fehler gehen auf Gedankenlosigkeiten zurück. Wir können sie oft dadurch ausräumen, daß wir mehr nachdenken.
Daß wir zuerst denken und dann erst reden.
Daß wir zuerst beten und dann erst handeln.
Daß wir zuerst unseren Geist öffnen, um seinen Geist in uns wirken zu lassen.
Daß wir alles an Hindernissen in uns ausräumen, die seinem Geist im Wege stehen.
Daß wir *seinem Geist Raum geben,* in uns wirken zu können.

Dem Geist Raum geben

Gott schenkt uns die Kraft seines Heiligen Geistes oft völlig überraschend: nach seinem freien Erkennen. Doch sollen wir von uns aus ihn in großem Vertrauen darum bitten *(er-beten)*, »Hunger und Durst« nach seinem Geist haben *(er-sehnen)*, und ihn in allen Bereichen unseres Lebens wirksam werden lassen *(er-leben)*.
Dieses er-leben ist aber kein passives über-sich-ergehen-lassen, sondern ein aktives Leben, ein »nach-Kräften-mitgehen« mit seinen Anregungen.

Diesem Bemühen, dem Geist in meinem inneren Leben Raum zu geben durch Vertrauen, Gehorsam, Wahrhaftigkeit und Liebe, wird mein Bemühen entsprechen, dem Geist Gottes auch in meinem äußeren Alltag einen Bereich einzuräumen.
Das fängt ganz schlicht bei meinem Tagesablauf an. Wenn ich auf längere Zeit zu spät schlafen gehe und dadurch zu wenig Schlaf bekomme, bin ich am Tag unausgeruht und weniger aufmerksam.
Wenn ich für alles Zeit habe, nur zum erholen, nachdenken und beten nicht, dann gebe ich Gottes Geist in meinem Leben keine Chance.

Der Heilige Geist ist nicht gegen das Fernsehen, nicht gegen Fußball, Krimis, Sport, Kaffee-Unterhaltungen, Telefongespräche oder was auch immer. Wir dürfen und sollen alles gebrauchen.
Nur hat uns Gott einen eigenen Verstand und einen freien Willen geschenkt, damit wir selbst beurteilen können, was für unser Leben *entscheidend,* was *nur wichtig* und was *weniger wichtig* ist.
Wenn wir in dieser Reihenfolge unsere Tätigkeiten wie auch unsere Freizeitbeschäftigungen ordnen, erfahren wir eine neue Freude und eine neue Freiheit.

In Amerika lebt ein erfolgreicher Geschäftsmann, dem eines Tages die tägliche Lesung in der Heiligen Schrift so wichtig geworden war, daß er dafür lieber auf seine Zeitungslektüre am Morgen verzichtete.

In Deutschland kenne ich einen Mann, dem war sein Kontakt zu Gott so wesentlich geworden, daß er eines Tages auf seine jahrzehntelange Lieblingslektüre von Illustrierten verzichtete, weil sie ihn zu sehr auf seinem Weg zu Gott ablenkten.

Ein Freund von mir steht täglich zehn Minuten früher auf als bisher, um Zeit für eine Lesung in der Heiligen Schrift zu finden.

Vielleicht machen Sie einmal am Sonntag schon sehr früh einen Spaziergang in der Stille, um dem Geist Raum zu geben?

Raum zum Nachdenken.

Raum zum Hören.

Gottes Geist spricht auch zu Ihnen, wenn Sie ihm dafür eine Möglichkeit geben.

Auf dem Fußballplatz, beim Kaffeeklatsch oder während des Fernsehkrimis wird der Heilige Geist im allgemeinen weniger zu uns sprechen.

Wenn wir ihn wirklich hören wollen, müssen wir öfters in die Stille gehen und dürfen ihn nicht ständig verscheuchen, indem wir von einer Ruhelosigkeit in die andere hetzen.

Mehr Zeit zum Nachdenken nehmen. Ihn wirken lassen, indem ich mich bemühe, ruhiger zu werden und ihm mehr Gelegenheit gebe, in mir aktiv sein zu können.

»Die Gnade baut auf die Natur auf«, hat uns schon der große Thomas von Aquin gelehrt. Der Heilige Geist wirkt auf Dauer nur dort, wo wir auch bereit sind, seinem Wirken den richtigen Raum einzuräumen.

Wenn wir unser Auto immer nur auf Hochtouren durch die Gegend jagen, wird es uns bald den Dienst versagen.

Wenn unser Körper ununterbrochen auf Trab ist, ohne ausreichende Ruhepausen, ohne genügend Schlaf und ohne erholsamen Urlaub, dann bricht er bald zusammen.

Wenn unsere Gehirnzellen nur wenige Minuten ohne Sauerstoff sind, fangen sie an, abzusterben.

Wenn aber unser Geist nie Zeit zum Ausruhen, zum Erholen, zum Nachdenken bekommt, dann kümmert uns das gar nicht?

Interessant ist die Reihenfolge, in der wir Menschen unsere Aufmerksamkeit einzelnen Objekten zukommen lassen: Wieviel Zeit und Sorgfalt verwenden viele für die Pflege des eigenen Autos.

Für den Körper schon etwas weniger. Langsam jedoch eignen wir uns auch hier ein Übermaß an Aufmerksamkeit an.

Aber Zeit für den Geist? »Noch nie gehört«, möchte man da spöttisch sagen.

Etwas für den Geist tun? Vielleicht selbst etwas Schöpferisches unternehmen?

Dafür haben wir keine Zeit?

Das können wir nicht?

Gottes Geist ist wie die Luft, die wir zum Atmen benötigen. Ohne Luft verkümmert unser Gehirn. Ohne Gottes Geist verkümmert unser menschlicher Geist.

Es liegt an jedem selbst, welche Prioritäten er in seinem Leben setzen will. Was uns für unser Leben wichtiger ist: kitschige Star-Allüren oder die Biographie eines großen Menschen?

Ein gedankenloses Nicht-abschalten-wollen oder ein für unser Leben hilfreiches Wort aus dem Neuen Testament?

Pausenlose Anspannung oder einmal dazwischen fünf Minuten Stille?

Wir selbst können täglich neu entscheiden, wieviel Raum wir Gottes Geist und wieviel Zeit wir dem Kitsch in unserem Leben einräumen wollen. Jeden Tag neu.

Wenn wir die Kraft des Heiligen Geistes für unser Leben in Anspruch nehmen wollen, dann müssen wir uns dafür auch bereit machen. Das Wirken des Geistes erfordert, daß wir uns nicht passiv verhalten und auf seine »Erleuchtung warten«. Für das Wirken des Heiligen Geistes müssen wir uns vorbereiten.

Er führt uns behutsam

»Aktiv vorbereiten« heißt aber nicht, daß wir Gottes Wirken in unserem Leben erzwingen können oder daß wir mit unseren menschlichen Schwächen von heute auf morgen aufräumen könnten.

Alles, was zu einer tieferen Begegnung mit dem lebendigen Gott, mit dem Geist Gottes, führt, können wir uns nur von Gott schenken lassen. Deswegen ist unser Vertrauen in Gott und unsere Sehnsucht nach ihm so wichtig.

Wenn wir voller Vertrauen und mit großem Verlangen ihn um seine Führung in unserem Leben bitten, dann wird er uns sehr behutsam an die Hand nehmen.

Alles, von dem in den letzten Kapiteln die Rede war – mehr Gehorsam, mehr Wahrhaftigkeit, mehr Liebe, mehr Ruhe, mehr Zeit – schenkt uns der Heilige Geist in einer wunderbaren Art und Weise, wenn wir bereit sind, ihn in unser Leben einzulassen.

Wir müssen keinen Riesensalto schlagen und keine Weitsprünge riskieren. Gottes Geist nimmt uns ganz behutsam an die Hand und zeigt uns immer gerade den nächsten Schritt, den er uns im Moment führen will. Und er schenkt uns gleichzeitig die Kraft dazu, diesen nächsten Schritt auch gehen zu können. Wenn wir uns ganz seiner Führung anvertrauen, werden wir bald spüren, welche Kraft von ihm ausgeht und mit welcher Geradlinigkeit er unser Leben führt.

Natürlich gibt es Holpersteine auch auf diesem neuen Weg in der Kraft des Heiligen Geistes. Der große Verwirrer will uns durch falsche Eingebungen ablenken. Unsere Bequemlichkeit und andere Schwächen führen immer wieder einmal zu einem Rückfall. Unsere Fehler werden ja nicht von heute auf morgen durch das Wirken des Heiligen Geistes von uns genommen.

Aber der Geist Gottes zeigt uns, wie wir besser damit umgehen können; wie wir von Tag zu Tag bessere Einsichten gewinnen; mehr Geduld aufbringen; wie wir auch einmal zuschauen können, ohne uns gleich aufzuregen, ohne gleich Angst bekommen zu müssen.

Wir dürfen nur nicht aufgeben. Auch nicht nach Rückschlägen.

Immer wieder neu hören wir seinen Ruf, das Leben mit ihm, dem Geist Gottes, zu wagen:

In einer großen Treue auf jeden behutsamen, zärtlichen Ruf seiner Führung zu achten.

In einer großen Treue zu den kleinen Dingen immer gerade den nächsten kleinen Schritt zu gehen, den der Geist uns zeigt.

Darauf kommt es an. In der Treue unserer täglichen Bereitschaft, in der Treue zu den kleinen Schritten, liegt eine große Kraft, die der Heilige Geist auch für unser Leben, für unser neues Leben, bereit hält.

DAS NEUE LEBEN

Das verheißt Gott durch Paulus

Im achten Kapitel des Römerbriefes hat Paulus über das neue Leben der Christen im Geist Gottes geschrieben. Lesen wir die Botschaft des Völkerapostels in der leichter verständlichen Übersetzung der »Guten Nachricht«:

»Unser Leben wird jetzt vom Geist Gottes bestimmt und nicht mehr von unserer eigenen Natur. Wenn jemand nach seiner Natur lebt, wird er ganz von seinen eigensüchtigen Wünschen beherrscht. Wenn dagegen der Geist Gottes in ihm lebt, ist er ganz von diesem Geist bestimmt. Die eigenen Wünsche führen zum Tod, der Geist Gottes dagegen schenkt Leben und Frieden.

Der Mensch, so wie er von sich aus ist, lehnt sich gegen Gott auf. Er gehorcht nicht dem Gesetz Gottes, ja er kann es gar nicht. Denn es ist völlig ausgeschlossen, daß einer den Willen Gottes erfüllt, wenn er seinem eigenen Willen folgt.

Ihr aber steht nicht mehr unter der Herrschaft eures eigenen Willens, sondern unter der Herrschaft des Geistes. Sonst hätte ja der Geist Gottes nicht wirklich von euch Besitz ergriffen. Wer nicht den Geist hat, den Christus schenkt, der gehört nicht zu ihm.

Wenn Christus in euch wirkt, dann seid ihr zwar wegen der Sünde dem Tod verfallen, aber weil Gott euch angenommen hat, schenkt sein Geist euch das Leben. Denn wenn der Geist dessen in euch lebt, der Jesus vom Tod erweckt hat, dann wird Gott durch diesen Geist auch eure Körper, die dem Tod verfallen sind, lebendig machen.

Brüder! Wir stehen also nicht mehr unter dem Zwang, unserer menschlichen Natur zu folgen. Wenn ihr nach eurem eigenen Willen lebt, werdet ihr sterben. Leben werdet ihr nur, wenn ihr Gottes Geist in euch wirken laßt, damit er euren Eigenwillen tötet.

Alle, die sich von Gottes Geist leiten lassen, sind Gottes Kinder. Ihr müßt euch also nicht mehr vor Gott fürchten. Daß er euch seinen Geist gegeben hat, zeigt euch, daß ihr nicht seine Sklaven, sondern seine Kinder seid. Weil sein Geist in uns lebt, sagen wir zu

Gott: ›Vater!‹ Gottes Geist bestätigt unserm Geist, daß wir wirklich Gottes Kinder sind.« (Röm 8,4–16 GN)

Im fünften Kapitel des Galaterbriefes hören wir die Verheißung:
»Lebt aus der Kraft, die der Geist Gottes gibt, dann müßt ihr nicht
euren eigensüchtigen Wünschen folgen. Der menschliche Eigenwille steht gegen den Geist Gottes, und der Geist Gottes gegen
den menschlichen Eigenwillen; die beiden liegen im Streit miteinander, so daß ihr das Gute nicht tun könnt, das ihr doch eigentlich
wollt.
Wenn aber der Geist Gottes euer Leben bestimmt, steht ihr nicht
mehr unter dem Zwang des Gesetzes. Jeder kann sehen, wohin
der menschliche Eigenwille führt . . .
Der Geist Gottes dagegen läßt eine Fülle von Gutem wachsen:
Liebe, Freude, Frieden, Geduld, Freundlichkeit, Güte, Treue,
Demut und Selbstbeherrschung.« (Gal 5,16–19.22 GN)

Wie aber sieht das in unserem Alltag aus?

Neues Leben durch den Heiligen Geist erfahren, heißt: eine große
Sehnsucht, brennendes Verlangen, Hunger und Durst danach
haben, *Gottes Willen erfüllen zu wollen.*
Es kommt nicht darauf an, wieviel Fehler und welche Schwächen
wir haben. Es kommt nicht auf unsere Vollkommenheit an; im
Gegenteil. Wenn wir vollkommen wären, hätte Jesus uns nicht
seinen Geist als Beistand schicken müssen. Es kommt einzig und
allein darauf an, daß wir Sehnsucht haben, brennende Sehnsucht,
in all unserer Schwachheit doch Gottes Willen tun zu wollen. Und
daß wir in dieser Sehnsucht uns *Gottes Geist voll verfügbar* machen. Uns ihm ganz unterstellen. Das ist sein Wille: *unsere Heili-
gung durch seinen Geist.*
Diese volle Unterstellung unseres Lebens unter seinen göttlichen
Willen gibt unserem Leben erst seinen echten Sinn; sie verwandelt
unser Leben, schenkt uns neues Leben.

Ein Leben voller Kraft und Hoffnung. Ein Leben voller Freude und innerem Frieden. Ein Leben voller Aktivitäten und Überraschungen, wie wir sie nie für möglich gehalten hätten.

Nicht die Vollkommenheit, sondern die volle Verfügbarkeit, die ganze Unterstellung ihres Lebens unter Gottes Willen hat die großen Frauen und Männer der Kirche ausgezeichnet!

Warum gehen seit zweitausend Jahren Frauen und Männer immer wieder neu in eine völlig dunkle Zukunft hinein, in die entlegensten Missionsländer, die sie nicht kennen? Von denen sie nur wissen, daß dort nicht berechenbare Gefahren, große Probleme und viele Schwierigkeiten auf sie warten: weil sie sich einfach voll und ganz dem Ruf Gottes unterstellen wollen. Weil sie voll und ganz für Jesus und seinen Auftrag verfügbar sein wollen.

Es hängt allein von meiner Bereitschaft ab, ob ich mich der Führung durch den Heiligen Geist anvertrauen will. Ob ich Gottes Geist oder meinen Egoismus, ob ich von Gottes Geist oder von meinen weltlichen Gedanken – von meinen oft erbärmlichen Wünschen – mein Leben bestimmen lasse!

Warum sehen wir Christen denn oft so wenig erlöst aus, warum hat Nietzsche so oft recht mit seinem Wort: »erlöster müßten sie mir aussehen, wenn ich an ihren Christus glauben sollte«?

Weil wir Christen oft *im Widerstreit mit unseren Wünschen und Vorstellungen* liegen! Weil wir oft ein inkonsequentes Leben führen. Wir wissen zwar, was wir tun sollten, was Gott in einer bestimmten Situation von uns erwartet, aber wir gehen doch lieber unsere eigenen Wege. Wir mogeln uns gerne etwas »zwischenhindurch«.

Dann wundern wir uns, wenn wir nicht frei und gelöst sind. Wenn wir von Depressionen befallen werden. (Eine der Hauptursachen vieler Depressionen ist unsere Inkonsequenz! – Siehe auch »Die Macht der kleinen Schritte«.)

Erst wenn wir von unserer ewigen Besserwisserei abkommen, wenn nicht mehr wir alles selbst besser können wollen, alles selbst bestimmen wollen, wenn wir Gott wirklich und in der ganzen Realität zum *Herrn unseres Lebens* machen: wenn wir das nicht nur beten und singen, sondern auch wahrhaft leben: »Du sollst der

Herr meines Lebens sein«, dann erst werden wir zu Menschen, die dem Wirken des Geistes geöffnet sind.

Du allein sollst der Herr meines Lebens sein

Das heißt für mich konkret und praktisch: mit Jesus und seinem Geist einen ganz vertrauten und engen Umgang pflegen. Mit *allen* Anliegen und Vorhaben, *vor jeder Entscheidung* zuerst auf ihn hören in meinem Herzen und ihn fragen: »Herr, was willst du, daß ich jetzt tue? Wie würdest du an meiner Stelle jetzt handeln?«

Wenn wir nicht mehr alles selbst machen wollen, sondern uns ganz und vollkommen ihm unterstellen. Wenn wir einfach einmal Ernst damit machen, was wir so oft leicht daherreden: Ich bin Geschöpf Gottes.
Das heißt doch: ich habe einen Schöpfer über mir, einen Gott, der mich erschaffen hat.
Einen Gott, der mir einen Sinn, eine Richtung und ein Ziel für mein Leben gegeben hat.
Das heißt doch: ich habe nichts aus mir selbst.
Also gehe ich zu dem, der mein Schöpfer ist. Der mich kennt und trägt, wie er dieses ganze Weltall in seinen Händen trägt. Der mich liebt, wie seinen eigenen Sohn.
Der mir Vater sein will.

Ich strecke mich *ihm* entgegen.
Ich öffne *ihm* meine Hände, meine Augen, meine Ohren.
Ich schaue auf ihn, höre auf ihn: »Herr, was willst Du, daß ich jetzt tun soll? Herr, wie würdest Du an meiner Stelle jetzt handeln?«
Das ist das ganze Geheimnis, wie wir mit dem Geist Gottes leben und durch Gottes Geist ein neues Leben schon hier und jetzt auf dieser Welt beginnen: Nicht mehr ich bestimme. Nicht mehr mein Ego. Mein Egoismus, meine Bequemlichkeit, meine Ausreden.

Sondern: Du, mein Schöpfer, du allein sollst der Herr meines Lebens sein. Du allein sollst durch deinen Geist mein Leben leiten. Dein Geist allein soll meine Wünsche und meine Sehnsucht bestimmen.

Das heißt aber auch:
Ich traue Gottes Geist mehr zu als mir selbst.
Ich vertraue darauf, daß Gott mich lieb hat.
Daß er mich wie sein eigenes Kind behütet und schützt.
Daß er bei mir ist, so wie Jesus es uns versprochen hat: »Ich bin bei euch alle Tage eures Lebens.«

Du allein sollst der Herr meines Lebens sein,
der Herr meiner Gedanken,
der Herr meiner Wünsche,
der Herr meines Tuns.
Das ist das neue Leben in der Kraft des Heiligen Geistes.

Nur dieses eine – *er allein soll der Herr sein; allein sein Wille geschehe* – ist notwendig und unser Leben bekommt eine neue Ordnung.
Wenn wir mit ihm und seinem Geist verbunden leben, das heißt: wenn wir immer zuerst nach seinem Willen fragen, verwandelt Gottes Geist unser Leben.

Was geschieht, wenn ich nach Gottes Willen frage?

Als erstes: ich halte kurz inne. Ich schalte eine knappe Pause ein.
Ich handle nicht unüberlegt, ich entscheide nicht überstürzt.
Wie oft hat uns später etwas leid getan, weil wir zu schnell geredet, zu spontan reagiert haben. Die kurze Frage »Herr, was willst *du*?« hält mich von vorschnellen Aktionen zurück.
Ein zweites: ich wandle mich von einem Handelnden in einen Fragenden. Das heißt: ich überlege. Ich denke nach. Ich frage

mich: *Was* ist *jetzt* in dieser Lage der Wille Gottes? Was will Gott jetzt in dieser Situation von mir?

Drittens: dieses Überlegen ist kein normales Nachdenken. Meine Frage und mein Denken *»was – jetzt«* stelle ich *vor das Angesicht Gottes:* »Was ist jetzt *dein* Wille, o Herr?«

So bringe ich die Hilfe Gottes ganz aktuell in mein Leben hinein. Ich frage nach *seinem* Willen. *Er* gibt mir eine Antwort: durch seine Gebote, durch seine Worte aus der Heiligen Schrift, durch seine Liebe, die er mich beim Nachdenken erkennen läßt.

Und ich finde so zu einer großen Ruhe und Sicherheit. Denn ich entscheide nicht nach meinem Ego, nicht nach meinem Egoismus und Kopf-durch-setzen-wollen, sondern nach seinem Willen. Nach seinen Geboten. Nach seiner Botschaft.

Mehr Ruhe und mehr Ausgeglichenheit

Mich fasziniert immer wieder das Wechselspiel zwischen menschlichem Wirken und dem Wirken des Heiligen Geistes: Je mehr ich selbst bereit bin, etwas für das Wirken des Geistes zu tun, um so mehr kommt seine Kraft in meinem Leben zum Tragen. Wenn ich mich aber passiv verhalte, scheint das Wirken des Heiligen Geistes zurückzutreten.

»Neues Leben unter der Führung des Heiligen Geistes« kann nur geschehen, wenn ich diese »Führung« in meinem Leben auch an mir geschehen lasse und aktiv mitvollziehe.

So wird mir durch Gottes Geist immer dann mehr Ruhe und Ausgeglichenheit für mein Leben geschenkt, wenn ich selbst dazu bereit bin, Gottes Geist in meinem Leben Raum zu geben.

Dazu muß hier noch einmal wiederholt werden: wenn ich nicht bereit bin, in meinem Leben nach Gelegenheiten zu suchen, in denen er wirken kann, wenn ich nicht bereit bin, meine bisherigen Gewohnheiten zu überprüfen, dann gebe ich dem Geist weniger Chancen für sein Wirken in mir.

Wenn ich in meinem Leben mehr Zeit zum Nachdenken, zum Hören, Schauen und Betrachten frei mache, wird die Kraft des Geistes in meinem Leben stärker zur Ausstrahlung kommen können.

Wenn ich öfters in meiner Arbeit innehalte, um auf ihn zu hören, um ihn um Hilfe zu bitten, werde ich seine Hilfe, seinen Beistand, seine Stärkung spürbarer erfahren.

Wenn ich mir aber keine Zeit zum Nachdenken nehme, keine Zeit zum Beten, zum Rat holen, wo soll Gottes Geist dann in mir wirksam werden?

Je mehr ich unter Streß stehe, von mich umgebender Hektik geplagt werde, um so mehr kommt es darauf an, den Überblick zu behalten.

Überblick über meine Arbeit und Überblick über mein Leben gewinne ich aber nur, wenn ich mir auch Zeit dazu nehme, mir diesen Überblick zu verschaffen.

So gilt das auch besonders für meine innere Ruhe und Ausgeglichenheit: ich kann erst dann zu mehr Ruhe und zu mehr Ausgeglichenheit finden, wenn ich auch wirklich bereit bin, mein Leben ausgeglichener gestalten zu wollen. Wie aber kann ich das erreichen?

Fangen wir am frühen Morgen an. Ein ausreichender Schlaf ist wichtig für unsere Gesundheit. Wird ein Schlaf aber dadurch besser oder schlechter, wenn wir ihn um fünf Minuten verkürzen? Um nur fünf Minuten?

Das sieht wenig aus. Nun, wenn ich am Morgen täglich meinen Wecker fünf Minuten früher stelle, dann kann ich in diesen fünf Minuten meinen Tagesablauf überdenken, mir das Wichtigste notieren, eine Rangfolge anlegen.

Schon stolpere ich nicht mehr in den Tag hinein, sondern erledige zuerst, was für mich und meine Arbeit am wichtigsten ist.

Noch besser aber wird mein Tag vorbereitet, wenn ich meinen Tagesplan schon am Abend vorher aufstelle. Erfahrene Mediziner wissen, wie wichtig am Abend vorher die Einstellung auf den nächsten Tag ist und sie dosieren die Medikamente für den Abend als Vorbeugung oder Einstimmung für den nächsten Tag.

Nur wenige Minuten brauchen wir zu einer Tagesvorbereitung, wenn wir sie am Abend vorher schriftlich erstellen. Wenige Minuten, die unserem Leben mehr Sicherheit und mehr Ruhe geben. Die uns gelassener in den nächsten Tag schauen lassen.

Natürlich: die zehn Minuten bekomme ich nicht geschenkt, nicht vom Heiligen Geist in den Schoß gelegt, wenn ich mich passiv, gleichgültig verhalte. Diese zehn Minuten muß ich mir suchen; ich muß bereit sein, andere zehn Minuten dafür einzutauschen. Aber welche Minuten am Abend sind so wichtig wie diese für die Vorbereitung des nächsten Tages?

Der bekannte amerikanische Streßforscher Selye sagte einmal: »Die Fehlhaltung im Leben fängt morgens beim Aufstehen an.« Fünf Minuten früher den Wecker stellen, und diese fünf Minuten für eine Lesung im Neuen Testament verwenden: besser und schöner kann ich keinen Tag beginnen.

Freunde haben mir immer wieder bestätigt, wie sich ihr Leben verändert hat, wie sie gefestigter und sicherer geworden sind durch diese regelmäßigen fünf Minuten Bibellesung am Morgen.

Ich kann das nicht? Psychologen würden mir antworten: ich will das nicht. Denn wenn ich es will, dann kann ich diese freie Zeit auch finden.

Es liegt an mir, ob mir zehn Minuten Fernsehen am Abend wichtiger sind als ein geordneter Ablauf des nächsten Tages.

Es liegt an mir, ob mir fünf Minuten Schlaf wichtiger sind als fünf Minuten Bibellesung; fünf Minuten Gemeinschaft mit Christus und seinem Geist. Das kann ich frei entscheiden.

Fünf Minuten in der Stille des Morgens. Gemeinschaft mit Christus und seinem Geist. Hören auf das, was er mir durch seinen Geist sagen will.

Es geht eine Kraft aus von solchen Zeiten.

Mehr Kraft und mehr Sicherheit

Warum haben wir Menschen eigentlich so oft Furcht? Warum sind wir manchmal so schnell verzagt? Warum ist so viel Angst in der Welt?

Weil wir uns so oft auf unsere eigenen Fähigkeiten verlassen und dabei sehr schnell an unsere Grenzen stoßen.

Dann setzt die Angst ein, weil wir keinen Ausweg sehen. Weil wir nicht wissen, woher wir Hilfe bekommen, woher wir neue und größere Kräfte beziehen können.

Alles scheint hoffnungslos zu sein.

Aber da war doch einer!

Jesus von Nazaret.

Was hatte er bei seinem Weggang gesagt?

»Ihr werdet die Kraft des Heiligen Geistes empfangen.« (Apg 1,8)

»Ich werde euch einen Beistand senden . . .« (Joh 14,16; 15,26)

Sein Apostel Paulus hat uns verkündet: »Der Geist nimmt sich unserer Schwachheit an.« (Röm 8,26) »Der Heilige Geist gibt euch teil an seiner Kraft.« (2 Kor 13,13 GN)

An Timotheus schreibt Paulus: »Gott hat uns nicht einen Geist der Verzagtheit gegeben, sondern den Geist der Kraft, der Liebe und der Besonnenheit.« (2 Tim 1,7)

Jesus hat gewußt, wie schwach und hilflos wir Menschen sind.

Jesus kennt uns viel besser als wir uns selbst kennen.

Weil er wußte, wie allein wir ohne ihn sein würden, weil wir ohne ihn sehr bald am Ende unserer Kräfte sind, hat er uns seinen Geist als den Beistand in diese Welt gesandt.

Mit seinem Geist durchdringt Jesus die ganze Welt. Denken wir nur noch einmal an die gleichnishaften Bilder, die uns die Heilige Schrift für den Geist geschenkt hat:

Gottes Geist ist wie Wasser, das alles mit Leben erfüllt.

Gottes Geist ist wie die Luft, die alles durchdringt.

Gottes Geist ist wie Feuer, das alles reinigt und heiligt.

Wenn auch ich selbst diesem mächtigen Geist Gottes mein Leben anvertraue, dann wird seine Kraft auch in meinem Leben wirksam. Dann werden mir Kräfte zuströmen, von deren Ausmaß ich bisher keine Ahnung hatte, denn die Kraft des Heiligen Geistes *durchdringt das ganze Leben.*

Ich muß diese Kraft nur wirken lassen. Den Geist in mich aufnehmen. Immer wieder neu nach seinem Willen fragen. Immer wieder neu mir wünschen und ersehnen, daß *sein* Wille in meinem Leben mächtig wird!

An anderer Stelle habe ich schon einmal gesagt: Jesus weiß um unsere Unvollkommenheit. Gerade weil wir nicht vollkommene, sondern schwache Wesen sind, hat uns Jesus den Geist als Kraftquelle, als Beistand, als Sicherheit für unser Leben geschenkt. Der Geist Gottes kommt zu uns, weil Jesus uns in unserer Schwachheit stärken will. Weil er durch den Heiligen Geist unsere Schwächen besiegen will, die wir aus eigener Kraft nicht besiegen können.

Das ist die große Sicherheit, die in unser Leben einfließt, wenn wir Gottes Geist wirken lassen, das heißt, *wenn wir in allem nach Gottes Willen fragen!*

Der Geist Gottes wird unsere Fragen nach seinem Willen beantworten. Der Geist Gottes wird unser Handeln nach Gottes Willen lenken. Der Geist wird uns sagen, was wir jetzt in einer bestimmten Situation tun sollen, wenn wir für ihn geöffnet sind: voller Demut und Gehorsam gegenüber Gott.

Der Heilige Geist wird bei uns sein, ob ich ihn im Moment spüre oder nicht. Das hat mir Jesus versprochen. Darauf kann ich mich verlassen! Daran darf und muß ich glauben:

Wenn ich *voller Vertrauen* zu Jesus gehe, *dann sendet er mir seinen Geist.*

Das wird zu meiner großen Sicherheit, zu meiner unerschöpflichen Kraftquelle!
Wenn ich auf seinen Geist wirklich höre, seinen Willen wirklich erfüllen will, *dann ist Gottes Geist auch in mir!*

Sie müssen das nur einmal ausprobieren, wie man auf den Geist Gottes bauen und sich verlassen kann. Welche Kraft von Gottes Geist ausgeht!
Hier nur ein Beispiel: Da gibt es eine neue Form moderner Exerzitien, die von Geistlichen und Laien gemeinsam gehalten werden: »Cursillo.« Das heißt soviel wie »Kleiner Kurs, kleiner Glaubenskurs.« Es sind drei Tage, an denen Männer oder Frauen abwechselnd vor ihnen völlig unbekannten Menschen über ihren Glauben und ihre Glaubenserfahrungen sprechen. Oft sind es Frauen und Männer, die vorher noch nie in der Öffentlichkeit redeten, geschweige denn einen Vortrag gehalten haben.
Plötzlich stehen sie vorne am Rednerpult. Woher nehmen diese Frauen und Männer ihre Kraft?
Von Jesus und seinem Geist! Sie gehen vor ihrem Vortrag in die Kirche und beten unmittelbar am Altar um die Kraft des Geistes. Sie geben all ihre Angst und Unsicherheit Jesus hin und bitten ihn um seinen Beistand. Danach gehen sie in die ihnen noch fremde Gemeinschaft und sprechen von Gott und ihrem Glauben.

Gerda, eine MS-kranke Frau, erzählte mir einmal, daß sie bei ihrem ersten Vortrag ein Kreuz in der einen Hand hielt. Immer, wenn sie glaubte, daß es bald nicht mehr weiterginge, dann drückte sie das Kreuz fester. Keiner hatte gemerkt, daß das ihr erster Vortrag vor fremden Menschen war. Jeder bewunderte die Ausstrahlung dieser Frau.

Das ist die Kraft und die Sicherheit, die von Gottes Geist ausgeht: ich verlasse mich darauf, ich vertraue ganz fest darauf, daß der große unendliche Schöpfergeist jetzt bei mir ist. Daß er mich mit all seiner Kraft, aber auch mit all seiner Liebe ganz durchdringt. Daß er meine Worte formt und nicht ich. Er allein soll wirksam werden! Seine Macht und nicht meine Schwäche. Seine Liebe und nicht mein Eigennutz.

Wenn Sie so nach seinem Willen leben, wird eine große Kraft und eine große Sicherheit über Sie kommen, denn nicht mehr Sie in all Ihrer Schwachheit müssen jetzt eine Entscheidung treffen, sondern Gottes Geist lebt in Ihnen, wächst in Ihnen und führt Ihre Worte und Ihr Handeln.

Der Geist des großen allmächtigen Gottes steht hinter Ihnen, *die größte Kraft, die es in unserem Leben überhaupt gibt.* So wird das wahr, was Paulus geschrieben hat: »Der Geist steht unserer Schwachheit bei.« (Röm 8,26) Er stärkt unser Vertrauen zu Jesus und seinen Verheißungen. Ja, er zeigt uns durch die Hinführung zur Heiligen Schrift, durch das Vertrautwerden mit Jesu Worten, wie sehr wir uns auf Jesus verlassen, auf seine Zusagen bauen können.

So werden wir sicherer und vieles andere vor, neben und hinter uns wird unwichtig.

»Leute« reden über Sie? Nicht menschliche Kritiker sind in Zukunft wichtig für unser neues Leben im Geist, sondern ausschließlich, was Gott von uns will.

Sie haben Angst vor einem Gespräch? Aus dem Gebet zum Heiligen Geist erwächst uns eine neue Kraft: »Heiliger Geist, sei du bei mir, lenke du meine Worte. Laß du mich zuerst in Ruhe nachdenken, bevor ich meinen Mund aufmache.«

Wenn wir im festen Glauben zum Heiligen Geist beten, wenn wir uns ihm und seiner Führung anvertrauen, wird unsere Angst immer mehr abnehmen.

Sie haben Hemmungen vor ungewohnten Aufgaben? Wir erfahren Hilfe und Kraft, wenn wir den Heiligen Geist um seinen Beistand bitten: »Komm, Heiliger Geist. Zeige mir einen Weg, wie ich mit meinen Schwierigkeiten fertig werden kann.«

Wer sollte uns denn besser helfen können als der mächtige Geist Gottes!

Sie haben Sorgen um Ihre Kinder, die unterwegs sind? Können Sie ihnen jetzt helfen, wenn Ihre Kinder irgendwo weit weg von Ihnen sind? Können Ihre Sorgen jetzt im Moment helfen? Niemals.

Aber Sie können Ihre Kinder im Gebet dem großen, allmächtigen Gott anvertrauen und *ihn* bitten, daß *er seinen Geist* den Kindern schicken möge. Daß *er* sie *durch seinen Geist* beschützen und lenken möge. Wer sollte Ihnen denn besser helfen, wer sollte Ihre Kinder denn besser begleiten und umsorgen können als der Geist Gottes?

So entsteht wirklich »neues Leben«. So verändert sich unser Leben: Aus Sorgen und Ängsten wird eine *neue Zuversicht*. Eine Zuversicht, die weiß: ich kann *alles* in meinem Leben dem Wirken des Heiligen Geistes anvertrauen. Es gibt einen, der kann viel besser für meine Kinder sorgen, als ich es je selbst könnte. Es gibt einen, der steht in jeder Situation hinter mir, wenn ich ihn anrufe und mich ihm weit öffne.
Einer, der mich nie im Stich läßt.
Einer, mit dem ich immer und überall rechnen kann.
Einer, dem ich alles, ja wirklich *alles anvertrauen kann!*
Er ist mein Herr!
Er ist mein Gott!
Er ist meine Kraft!
Er ist meine Sicherheit!

Mehr Geduld und mehr Gelassenheit

Er ist mein Herr.
Er ist meine Kraft.
Er ist meine Sicherheit.
Von diesem festen Wissen und Vertrauen kann auf mein Leben eine große Gelassenheit übergehen:
Warum bin ich eigentlich noch nervös? Warum noch ungeduldig,

wenn ich wirklich *alles* Gott übergebe, wenn ich wirklich *in allem* mich der Führung des Heiligen Geistes überlasse?

Nun, auch wenn wir uns seiner Führung anvertrauen, bleiben wir doch immer noch Menschen. Viele Bereiche unseres Lebens verbleiben als Grauzone, die wir bei aller Bereitschaft im Ernstfall doch nicht dem Heiligen Geist unterstellen.
Wo wir lieber immer noch nach unseren eigenen Wünschen, nach unseren Vorstellungen, zum Beispiel nach unseren Vorstellungen von Gerechtigkeit, Korrektheit oder Nächstenliebe handeln und leben wollen, ohne uns überzeugt zu haben, daß diese unsere Vorstellungen auch wirklich Gottes Vorstellungen sind.

Was ist in Wirklichkeit der Wille Gottes?
Dafür gibt es sichere, klare Hinweise:
a) die von Gott gegebenen zehn Gebote,
b) die Aussagen Jesu in der Heiligen Schrift.
Aber können wir daraus immer den Willen Gottes für jede konkrete Situation in unserem Leben ablesen? Manchmal erleben wir doch, daß uns das Handeln Gottes völlig unerklärlich, ja völlig unverständlich erscheint. Zum Beispiel beim Tod eines lieben Menschen, bei einer schweren Krankheit . . .

Eines müssen wir klar sehen: Gott ist so unbegreiflich groß, daß wir oft nur mit Staunen und in Ehrfurcht vor ihm stehen können; wo alles Fragen und alles Erklären-wollen ein Ende hat; wo wir nur noch stammeln oder schweigen können.
Gott wäre nicht mehr Gott, wenn wir jedes Handeln von ihm erklären und verstehen könnten. Oft können wir nur in Demut beten: Ich verstehe dich nicht, ich begreife dich nicht, du unermeßlicher, großer Gott. Aber ich glaube und vertraue, daß du auch jetzt gegenwärtig bist. Daß du auch aus diesen Ereignissen wieder etwas Gutes für mich machen kannst . . .

Gott handelt nicht nach Patentrezepten und läßt sich schon gar nicht zu einem solchen Handeln bewegen. Gott ist kein Automat, wo wir oben unser Fünfmarkstück – vielleicht in Form eines »Vaterunsers« – hineinwerfen und unten die Erfüllung unseres Wunsches herauskommt.

Oft müssen wir in Geduld warten. Ja, oft müssen wir durch eine große Dunkelheit und durch eine lange Zeit der Dürre gehen, wie durch einen nie mehr enden wollenden Tunnel. Es sind Zeiten der Prüfung, wie es mit unserem Glauben aussieht, wie es mit unserem Vertrauen zu seiner Hilfe ausschaut.

Abraham hat er bis zum Opferstock im Glauben gelassen, daß er für ihn seinen Sohn Isaak töten müsse. So weit kann Gott mit seinen Prüfungen gehen. Aber Abraham vertraute darauf, er glaubte daran, daß er sich letzten Endes auf Gott verlassen kann, daß Gott Isaak selbst noch vom Tod auferwecken könnte . . .

Es ist leicht, an die Führung durch den Heiligen Geist zu glauben, wenn ich augenscheinliche, ja handfeste Beweise dafür in Händen habe. Gott sei Dank führt uns der Geist Gottes oft so deutlich spürbar, daß wir sein Wirken und seine Kraft gleichsam greifen können.

Aber Gott will mehr. Gott will, daß wir ihm auch in der größten Verlassenheit, in der größten Ausweglosigkeit – wie Abraham – noch vertrauen, noch an seine Nähe, noch an seine Hilfe glauben.

Gerade in der Dunkelheit, wenn wir keinen Weg mehr sehen, kommt es besonders darauf an, daß wir in großer Treue zu ihm gehen.

Oft langt es dann nur noch zu einem Stoßgebet: Herr, wo bist du? – Herr, zeige mir einen Weg. – Herr, komme in mein Dunkel. – Vater, ich glaube daran, daß du auch jetzt ganz nahe bei mir bist.

Eine solche Dunkelheit ist oft ein Zeichen, daß Gottes Geist mit uns etwas Neues vor hat: Gott macht uns zuerst ganz leer. Er »trocknet uns aus«, um uns danach wieder um so reicher erfüllen und beschenken zu können.

Ein Geistlicher hat mir das einmal auf eine schlichte, aber verständliche Weise erklärt: Wenn ich meine beiden Hände voller

Geldstücke habe, kann mir Gott keine neuen Münzen dazuschenken, denn diese fallen dann auf den Boden.

Erst wenn ich meine Hände umdrehe, wenn ich alles fallenlasse, alles loslasse, werden meine Hände wieder leer und für die Aufnahme neuer Geschenke bereit. Weil wir aber dieses »Loslassen« selbst so wenig können, hilft Gott mit solchen »Dunkelheiten« manchmal nach.

Ich weiß noch sehr deutlich, wie ich vor Jahren durch eine meiner schlimmsten und längsten Verlassenheiten hindurch mußte. Es reichte jeden Morgen gerade noch zu einem Kreuzzeichen und einem inneren Aufschrei: »Herr, zeige mir einen Weg!«
Nichts passierte, über Wochen hinweg war meine Trostlosigkeit nur immer größer geworden, bis dann plötzlich innerhalb weniger Minuten der ganze Nebel zerrissen war und Gott mich so wunderbar beschenkte, daß dadurch mein Leben wesentlich verändert wurde.

Gott läßt eine solche Trost-losigkeit auch zu, um uns »auf dem Boden zu halten«. Wie leicht könnten wir überheblich werden, könnten »unsere Bäume in den Himmel wachsen«, wenn wir die Führung durch den Heiligen Geist immer sofort deutlich spüren würden.
Gott will uns in solchen Verlassenheiten auch unsere eigenen Fehler und Schwächen besser erkennen lassen und dadurch lehren, daß wir durch das Erkennen der eigenen Unzulänglichkeiten mehr Geduld für unsere Nächsten einüben. Wo wir öfter und deutlicher erleben, wie viele Fehler wir selbst haben, können wir auch mehr Geduld mit den Schwächen unserer Mitmenschen erlernen.

Wir erfahren die Führung durch Gottes Geist, wenn wir uns in voller Demut – das heißt: mit vollem *Mut zum Dienen* – ihm nähern.
Gott will, daß wir unser Ich mit all seinem Egoismus zurückstellen und immer mehr in großer Geduld *bereit werden für seine Liebe*.

Denn das ist sein Wille für uns: *daß wir seine Liebe in die Welt hineintragen.*

Auch hier wird es wieder deutlich, wie die Frage nach Gottes Willen unser Leben verändert: Wenn ich stets zuerst nach seinem Willen frage, wird mir Gott immer nur eine Entscheidung eingeben, die aus der Liebe kommt. Nie werde ich eine Antwort hören, die gegen die Liebe verstößt.
Gott ist die Liebe (1 Joh 4,16), und er wird mich – wenn ich ihn frage – immer nur zur Liebe hinführen. Lieblosigkeiten dagegen geschehen immer dort, wo Menschen ihren persönlichen Eigenwillen durchsetzen wollen. Wo sie nicht bereit sind, sich Gottes Willen unterzuordnen.

Mehr Verständnis und mehr Liebe

Der Heilige Geist führt uns zu mehr Geduld in unserem Leben, weil er uns unsere eigenen Schwächen deutlich werden läßt. Er läßt uns wie durch eine starke Lupe unsere eigenen Fehler besser erkennen; aber er befähigt uns auch, daß wir uns mit diesen Fehlern als Geschöpf Gottes annehmen können.
»Wenn ihr aus der Kraft lebt, die der Geist Gottes gibt«, schreibt Paulus an die Galater (5,16 GN), »dann müßt ihr nicht mehr euren eigensüchtigen Wünschen folgen.«

Der Geist Gottes macht mich frei, zu meinen eigenen Schwächen ja zu sagen, weil meine Fehler ebenso zu meinem Leben gehören wie meine positiven Seiten. Natürlich nicht zum passiven Hinnehmen, sondern zum aktiven Bemühen, meine Mängel und Nachlässigkeiten zu korrigieren und auszumerzen.
Bei diesem Bemühen erlebe ich manchmal schmerzlich, wie leicht ich immer wieder zurückfalle, wie schwer mich ein bestimmter Fehler niederdrückt, wie sehr mich eine schwache Seite meines Lebens belastet.

Ich spüre auf einmal: ich bin ja gar nicht so großartig, so tüchtig, so einmalig wie ich mich bisher oft gesehen habe, da ich nur auf mich, nur auf meine Wünsche, nur auf meine Vorstellungen geschaut habe.

Mit dem besseren Erkennen meiner eigenen Fehler und Schwächen übe ich aber nicht nur, mehr Geduld mit mir selbst zu haben, sondern ich lerne dabei auch meine Mitmenschen, meinen Ehepartner, meine Kinder, meine Arbeitskollegen mit anderen Augen zu sehen: die Fehler, die ich bisher immer nur bei anderen gesehen und kritisiert habe, die habe ich ja auch selbst!
Oder: Wenn ein anderer mir immer als sehr langweilig und phlegmatisch erscheint, dann erkenne ich plötzlich auch die positiven Seiten dieses Phlegmatikers, weil ich meinen eigenen Jähzorn, mein eigenes cholerisches Verhalten in einem ganz anderen Zusammenhang sehe.
In dem gleichen Maß, wie ich durch den Geist Gottes meine Fehler in einem helleren Licht sehe, finde ich zu mehr Verständnis und mehr Geduld für meine Mitmenschen.
Der Geist zeigt mir, daß nicht nur ich, sondern auch der andere ein Geschöpf Gottes ist. Daß auch der andere mit seinen Fehlern und Schwächen ein Kind Gottes ist, von Gott so geliebt, wie er ist.
Er holt mich herunter von meinem hohen Sockel, von meiner Tüchtigkeit, und zeigt mir, daß ich in meiner eigenen Schwachheit gar keinen Grund habe, über anderen zu stehen oder auf einen anderen herabzuschauen.

Wenn wir uns von Gottes Geist führen lassen wollen, wenn wir uns danach sehnen und darum beten, wird er uns sehr bald beim Wort nehmen und uns durch immer wieder neue kleine Prüfungen erfahren lassen, daß wir noch ganz am Anfang stehen mit unserem Christsein. Daß wir noch viel lernen, noch viel an uns arbeiten müssen.
Er wird uns erkennen lassen, daß wir doch nicht immer alles besser wissen. Daß auch wir unsere Fehler haben. Daß auch wir mit uns selbst viel Geduld haben müssen.

Aus diesem »Geduld-lernen mit uns selbst« entsteht ein großes Verständnis für unsere Mitmenschen. Und aus dieser Erfahrung heraus wächst eine tiefe Sehnsucht, ein immer größer werdender Wunsch, den anderen Menschen mehr Liebe zu schenken, weil Gott uns so viel Liebe und Geduld erweist.

Mehr Liebe zu schenken, weil wir langsam erahnen, wieviel Liebe auch andere Menschen, nicht nur wir selbst, benötigen.

Mehr Liebe zu schenken, weil wir uns immer mehr – vom Heiligen Geist geführt – an Jesus orientieren, an seinem wichtigsten Gebot: daß wir einander lieben, »so wie ich euch geliebt habe« (Joh 15,12).

In dieser vom Geist vermittelten Liebe Jesu wird unser Leben immer heller und klarer. Unsere Beziehungen zu den allernächsten Mitmenschen verändern sich.

Alte, tiefe Wunden werden geheilt. Neue lassen wir nach Möglichkeit gar nicht mehr aufkommen. Zumindest nicht mehr bewußt oder vorschnell.

Wir bauen Sicherungen in unser Leben ein, die uns vor vorschnellem Handeln bewahren sollen. Wir lernen, mehr auf den andern zu schauen. Mehr auch auf den anderen zu achten. Ihn zuerst anzuhören. Ihn zuerst ausreden zu lassen.

Wie oft versündigen wir uns an anderen Menschen, indem wir ihnen gar nicht zuhören. Gar nicht auf ihre Nöte achten. Wir wollen immer gleich zu predigen anfangen, unsere Erfahrungen ihnen zukommen lassen. Leider finden sich solche Unaufmerksamkeiten auch bei Geistlichen und Schwestern, die manchmal so von ihrem Sendungsauftrag beeindruckt sind, daß sie den anderen immer gleich bekehren wollen, ohne ihn zuerst einmal seine inneren Nöte und Sorgen aussprechen zu lassen.

Wir lernen mehr Rücksicht zu nehmen, weil wir durch den Geist Gottes immer wieder erfahren, wieviel Rücksicht und Geduld wir mit uns selbst brauchen.

So läßt uns der Geist durch eigene Erlebnisse erkennen, daß wir uns um andere Umgangsformen mit den Mitmenschen bemühen müssen und wollen.

Da bricht zum Beispiel einer sein uns gegebenes Wort. Er hält sich nicht an klare Absprachen. Wir fühlen uns beleidigt und ungerecht behandelt. Unsere Erfahrung: So wortbrüchig möchte ich mich nie verhalten . . .
Da fährt einer jähzornig aus seiner Haut. Schreit uns an. Meine Reaktion: Hallo – das muß ich mir aber rasch abgewöhnen. Bisher habe ich auch immer gleich losgepoltert . . .
Wir müssen Gottes Geist nur in uns wirken lassen.
Dann zeigt er uns sehr bald unsere Schwachstellen.
Zeigt uns, wo wir uns verändern müssen.
Wo und wie wir mehr Verständnis für andere lernen können.

Öfter Versöhnung und Vergebung

Aus diesem besseren Verständnis für unsere Mitmenschen heraus lernen wir auch, anderen Menschen ihre Fehler schneller zu verzeihen.
Wie sollten wir denn noch starrköpfig auf unser Recht pochen oder den anderen »aus innerer Überzeugung« verurteilen wollen, wenn wir an uns selbst immer wieder erfahren müssen, wie oft wir unsere alten Fehler noch wiederholen. Wie schnell wir einen Rückfall erleiden, trotz vieler guter Vorsätze.
Wie sollten wir noch verärgert und hartnäckig auf unserem eigenen Standpunkt beharren wollen, wenn wir in der Vergangenheit erfahren haben, daß wir selbst auch nicht immer recht hatten. Daß auch wir uns schon oft getäuscht haben.
Diese Erkenntnisse vermittelt uns der Geist Gottes kristallklar, je mehr wir uns seiner Führung unterstellen. Er reinigt unser Gewissen und macht es hellhöriger und funktionsfähiger: wir reagieren schneller, weil wir von ihm »angestoßen« werden, wenn wir uns zum Beispiel wieder einer Lieblosigkeit schuldig gemacht haben oder schuldig machen wollen.
So läßt uns der Geist Gottes – manchmal blitzschnell – erkennen, wenn wir uns unkorrekt verhalten wollen oder gar, wenn wir

anderen Menschen Unrecht zufügen. Ganz deutlich zeigt er uns unser egoistisches, falsches Verhalten und läßt uns keine Ruhe, bis wir das wieder korrigiert, wieder in Ordnung gebracht haben.

Er läßt uns nicht nur anderen Menschen gegenüber deren Schuld schneller vergeben; er veranlaßt uns auch, andere Menschen in unserer Umgebung öfter und rascher um Vergebung zu bitten.

Das kann manchmal ordentlich schwer werden.
Über unseren Schatten zu springen.
Dem anderen zu sagen: »Ich war im Unrecht, entschuldige bitte.«
Aber hier läßt Gott nicht mit sich handeln. Wo es um Vergebung und Versöhnung geht, kennt Gott keine Kompromisse. Die größten Opfergaben und das schönste Gebet werden vor ihm wertlos, wenn wir gleichzeitig noch Groll gegen einen anderen Menschen im Herzen haben. (Mt 5,22ff; 6,14f; 18,21f; Mk 11,25)

Das ist das Vermächtnis Jesu, mit dem er nach seiner Auferstehung seine Jünger zum ersten Mal – und dann immer wieder – begrüßt: »Der Friede sei mit euch.«
Jesus wollte nichts anderes, als die Liebe des Vaters uns Menschen verkünden, als die Liebe des Vaters uns Menschen zu bringen. Die Liebe des Vaters soll unter uns Menschen zur Wirksamkeit gelangen.
Liebe aber kann nur dort wachsen, wo wir Frieden haben, wo wir Frieden halten. Wo wir Frieden immer wieder neu herstellen: durch Vergebung und Versöhnung.

Aktiver und konzentrierter leben

Wenn wir in den vorhergehenden Kapiteln erfahren haben, daß der Heilige Geist uns mehr Ruhe und mehr Ausgeglichenheit, mehr Sicherheit, mehr Geduld und Gelassenheit, Verständnis, Liebe und Vergebenkönnen schenkt, so heißt das jedoch nicht, daß wir durch den Heiligen Geist zu einem apathischen, passiven Leben geführt werden. Daß wir vielleicht alles nur noch hinnehmen müßten und selbst nie mehr aktiv tätig sein sollten. Ganz im Gegenteil!

Soweit es um ein »Zurücknehmen«, um ein »Nicht-so-wichtig-nehmen« geht, betrifft das immer nur unseren Egoismus. Unsere eigenen Wünsche und Vorstellungen. Gottes Wille aber ist nicht, daß wir ein passives Leben führen.

Er hat unsere Welt und das unermeßliche Weltall nicht als Spielzeug für sich und seine Engel geschaffen. Gott hat mit seiner Schöpfung einen bestimmten Plan vor. Und in diesem Plan hat er uns Menschen die Aufgabe gegeben, *an seiner Schöpfung aktiv mitzuwirken.*

So führt auch der Geist Gottes jeden Menschen, der sich ihm und seiner Führung bewußt anvertraut, zu einem aktiven Leben.

Zu einem Leben, dessen Zeit man »aus-kaufen«, ausnutzen will, um einmal nicht mit leeren Händen vor Gott zu stehen.

Der Heilige Geist zeigt uns, daß wir unsere Talente nicht zum Einmotten und Vergraben bekommen haben, sondern zum Tätigsein, zum Wohl unserer Mitmenschen.

Unser Mitwirken an seiner Schöpfung aber wird nur dort Frucht bringen und für unsere Gesellschaft wertvoll sein, wo wir uns von ihm die Zielsetzung und den Auftrag geben lassen.

So zeigt uns Gottes Geist auch immer wieder, daß ein Leben nach dem Willen Gottes nur möglich ist, wenn wir täglich neu *auf seinen Willen hören.*

»Aktiv leben« im Sinn des Heiligen Geistes heißt vor allem, hellhörig und bereit zu sein.

Hellhörig für seine Weisungen.

Bereit für seine Aufträge.

Es liegt doch auf der Hand, wir brauchen es ja nur auszuprobieren: Wenn wir Gott fragen »Herr, was willst du, daß ich jetzt tun soll?«, dann gibt er uns doch nicht zur Antwort, daß wir jetzt unsere Zeit vertrödeln oder Lästerreden am Telefon führen sollen.

Der Heilige Geist führt uns zum Wesentlichen. Er läßt unser Leben konzentrierter und aktiver werden, indem er uns hellhörig macht und die Prioritäten unseres Lebens ebenso wie die Prioritäten im Alltag aufzeigt.

Er schenkt uns Zeit für die wirklich wichtigen Aufgaben, indem er uns deutlich macht, auf welche unwichtigen Dinge wir verzichten können.

Er läßt uns eine neue Rangfolge im Leben erspüren. Er führt uns vom Unwesentlichen zum Wesentlichen hin. Er zeigt uns auch, wo wir bisher in unserem Leben Aufgaben vernachlässigt und Pflichten versäumt haben, wo wir unsere Talente wirksam einsetzen können und wie wir unsere Fähigkeiten vervollkommnen können.

»Leben im Geist« ist immer ein hell-waches Leben. »Leben im Geist« heißt, *meine Zeit und meine Fähigkeiten einsetzen:* Wir sollen mitwirken an seiner Schöpfung *mit allen uns zur Verfügung gestellten Gaben.*

Das ist ja sein Wille: daß ich mitarbeite an seinem Werk. Einen solchen Auftrag aber kann ich nicht achtlos liegenlassen oder nur halbherzig tun.

Hier können wir sehen, woher große Menschen auch heute noch – ich denke wieder an Mutter Teresa in Kalkutta und Roger Schütz in Taizé – ihre Kraft und ihre Energie beziehen: Sie wissen sich *gerufen und geführt von ihm* zur Mitarbeit an den Menschen.

Das aber läßt kein Zagen und Zaudern, kein Trödeln und Bummeln, kein Angsthaben und Wehklagen zu. Das ruft zur Aktivität, zum Einsatz der uns ganz persönlich anvertrauten Fähigkeiten und Gaben.

Natürlich kann ein Auftrag Gottes an mich auch darin bestehen, daß ich ein Leben des Gebetes, ein Leben der Sammlung und Meditation, ein Leben des Opfers für andere führen soll. »Aktivsein« im Sinne Gottes ist nicht vergleichbar mit dem, was wir im weltlichen Bereich oft unter aktiv verstehen. In der Kraft des Heiligen Geistes zu leben heißt aber ganz bestimmt nicht, den Tag zu verschlafen und Gott einen guten Mann sein zu lassen.

Jedem von uns hat Gott eine andere Aufgabe zugewiesen. Für jeden von uns aber ist es eine Aufgabe, die wir nicht abweisen dürfen, sondern erfüllen sollen.

Erfüllen sollen an *dem* Platz, an den er uns *hier und jetzt* gestellt hat und nicht an dem Ort, von dem wir so gerne träumen. Mancher träumt von »großen Aufgaben«, von »mutigen Taten«, die er so gerne vollbringen möchte . . .

Eine Mutter von drei tüchtigen Kindern wird zum Beispiel oft von der Vorstellung geplagt, sie solle in ein Kloster gehen, um dort »mehr« für Gott und seine Kirche tun zu können. Das ist *nicht* ihre Aufgabe. Im Gegenteil. Es ist ein »Besser-wissen-wollen« gegenüber Gott, der ihr einen festen Platz in der Familie zugewiesen hat.

Oder ein junger, begeisterter Student wartet auf eine große »Vision«, weil er sich erst dann bestätigt glaubt, den von ihm ins Auge gefaßten Beruf eines Seelsorgers ergreifen zu sollen.

Gott läßt sich nicht vorschreiben, wie er uns führen oder wo er uns hinstellen soll.

Die umgekehrte Reihenfolge gilt: Gott weist uns einen Auftrag zu, und er führt uns bei der Erfüllung dieser Aufgabe, wenn wir bereit sind, mit den »Ohren des Herzens« auf ihn zu hören.

Dann kann es sein, daß er uns auch einmal eine Vision schenkt. Aber erst, wenn wir in Demut gelernt haben, von ihm *alles anzunehmen* und uns von ihm *überall führen* zu lassen. Nicht wie und wo wir wollen, sondern ausschließlich und allein wie und wo er will.

Er stärkt uns *auf seine Weise* und gibt uns Kraft durch seinen Geist, den er *auch uns* als Beistand, als Führer und Helfer verheißen hat. Als Beistand, als Führer und Helfer zu einem Leben, das immer mehr zum Wesentlichen drängt und immer mehr erfüllt sein will von der Mitwirkung an seiner Schöpfung.

Eine neue Sehnsucht

Je mehr Sie ihr Leben der Führung durch den Heiligen Geist unterstellen, um so mehr bricht in Ihnen eine ganz große neue Sehnsucht auf. Eine Sehnsucht danach, selbst immer mehr so leben zu wollen, wie Jesus es verkündet und wie Jesus es uns vorgelebt hat.

Immer deutlicher wird in Ihrem Leben, daß das neue Gebot, »daß ihr einander liebt, so wie ich euch geliebt habe«, die zentrale Aufgabe auch Ihres Lebens wird. Daß alles Tun, alles Denken, alles Wollen und alles Bemühen keinen Sinn hat »ohne die Liebe«.

»Hätte ich aber die Liebe nicht . . .« Dieses Hohelied der Liebe von Paulus steht nicht zufällig im 13. Kapitel des ersten Korintherbriefes zwischen dem 12. Kapitel, das von dem einen Geist und seinen Gaben handelt, und dem 14. Kapitel, das von den Charismen der Prophetie und der Zungenrede spricht.

»Strebt nach den höheren Gnadengaben!« schreibt Paulus am Ende des 12. Kapitels und er fügt dann an: »Ich zeige euch jetzt noch einen anderen Weg, *einen, der alles übersteigt.*«

»Wenn ich prophetisch reden könnte, und alle Geheimnisse wüßte . . .

Wenn ich alle Glaubenskraft besäße und Berge damit versetzen könnte . . .

Wenn ich meine ganze Habe verschenkte . . .

hätte aber die Liebe nicht, *nützte es mir nichts.*« (1 Kor 13, 1–3)

Wer ehrlichen Herzens bereit ist, sein Leben von Gottes Geist führen und leiten zu lassen, wird immer deutlicher die Hinweise des Geistes erfahren, daß er *nie gegen die Liebe* sich entscheiden darf. Das ist das Wichtigste im Leben, wichtiger als jede Leistung und jedes Tun, *daß alles in der Liebe geschieht.*

Dieses Verlangen, nur noch in der Liebe zu leben, nur noch aus Liebe zu handeln, nie mehr gegen die Liebe sich zu entscheiden – lieber eine Ungerechtigkeit in Kauf zu nehmen als lieblos zu sein –, dieses Verlangen wird begleitet von einer tiefen Sehnsucht,

Jesus immer besser kennen zu lernen. Jesus immer tiefer zu erfahren, Jesus immer intensiver begegnen zu können.
Jesus wird zum zentralen Mittelpunkt unseres Lebens!
Wir können uns ein Leben ohne Jesus nicht mehr vorstellen.
Der Geist Gottes zeigt uns, wie sehr Jesus uns liebt.
Wie sehr Jesus uns nahe sein will.
Wie sehr Jesus wirklich unser Erlöser ist.
Wie wir *nur durch ihn* heil werden können.

Es tritt das ganz konkret und wirklich in unserem Alltag ein, was Jesus den Jüngern verheißen hat: »Der Beistand aber, der Heilige Geist, der wird euch *alles lehren* und euch *an alles erinnern,* was ich euch gesagt habe.« (Joh 14,26)
Durch den Heiligen Geist erfahren wir, daß wir uns unkorrekt oder lieblos verhalten. Er erinnert uns immer wieder daran, daß es nicht auf unsere Wünsche und Vorstellungen ankommt, sondern nur darauf, Gottes Willen zu tun!
Das wird uns zum Lebensinhalt und zur Wunschvorstellung: *nur noch den Willen des Vaters zu tun!*

Gott wird das Wichtigste in meinem Leben! Alles wird nur noch davon bestimmt, seinen Willen zu tun. Es wird mir wichtiger als jede eigene Aktivität, wichtiger als jede religiöse Handlung in meinem Leben: Gehorsam gegenüber Gott, Gehorsam gegenüber seinem Willen. Nur noch nach seinem Willen trachten und nicht mehr meinem Egoismus folgen.

Ich persönlich bin überzeugt, daß ein unbedingter Gehorsam gegenüber seinem Willen, das wäre zum Beispiel auch der Gehorsam eines Priesters gegenüber seinem Bischof, mehr Segen bringt, als irgendeine aus dem Ungehorsam entspringende Aktivität überhaupt erbringen kann. Zum »Willen-des-Vaters-erfüllen« gehört einfach auch die Einordnung in die streitende Kirche, auch wenn diese viele Fehler hat.
Natürlich legt dieses »Handeln aus Gehorsam« auch allen Oberen hohe Lasten auf. Ich kann nicht leichtfertig eine Weisung erteilen

oder eine Entscheidung treffen, wenn ich mich vorher nicht geprüft habe, ob ich mich auch in Übereinstimmung mit Gottes Willen befinde.

Viele kirchlichen Oberen machen es sich manchmal etwas zu leicht, wenn sie von ihren Untergebenen einfach Gehorsam – vielleicht noch als Einübung in die Demut – fordern, ohne vorher auch wirklich gründlich ihre eigenen Sachkenntnisse und Entscheidungsvoraussetzungen geprüft zu haben.

Der Geist Gottes macht unseren Blick für die wesentlichen Dinge im Leben frei und führt uns zu einer immer tieferen Begegnung mit Jesus. So haben viele – geleitet durch den Heiligen Geist – zu einem neuen Verständnis der Heiligen Schrift gefunden.

Ich persönlich hatte ein Leben lang nie etwas mit der Bibel anfangen können. Vermutlich lag das vor allem daran, daß man mir in der Jugend die Schriftlesung nur als Meditation beibringen wollte. Zehn Minuten oder länger sollte ich über einen einzigen Satz nachdenken. Das war für mich langweilig, und ich rührte 25 Jahre lang keine Bibel mehr an.

Bis zu dem Zeitpunkt, da ich bei einem Gottesdienst ein Lied falsch hörte. Der Kehrvers hieß: Meine Stärke und mein Loblied ist der Herr.

Ich kannte das Lied noch nicht. Es wurde sehr staccato gesungen, so daß ich verstand: Meine Stärke und mein Hobby ist der Herr. Statt »Loblied« also »Hobby«.

Da kam es über mich: wieso könnte der Herr nicht mein Hobby sein?

Bisher war es der Wein. Das ist zwar ein schönes Hobby; aber der Herr . . .

Der Gedanke verfolgte mich. Es müßte schön sein, »Jesus als Hobby« zu haben.

Da überlegte ich mir: wie macht man das? »Jesus als Hobby?«

Ich fand folgende Antworten: Wer ein Hobby hat, der möchte alles über dieses Gebiet erfahren. Alles sammeln, was es darüber oder davon gibt. Alles kennenlernen. Möglichst oft sich mit seinem Hobby beschäftigen.

Das »Alles-sammeln« fiel bald wieder weg, denn dazu hätten alte Christus-Darstellungen, Bilder, Kreuze und vieles andere gehört. Soviel Geld konnte ich nicht aufwenden. Also blieb: alles über Jesus erfahren wollen!
Ich machte mich zum ersten Mal daran, das Neue Testament von vorne bis hinten zu lesen. Ich wollte ja möglichst viel von meinem neuen Hobby kennenlernen.
Dazu kam ein weiteres Ereignis, ich weigere mich, »Zufall« zu sagen: Von Freunden hatte ich »Die Gute Nachricht« empfohlen bekommen, eine moderne Übersetzung der Bibel in die heutige Sprache, die von den evangelischen wie katholischen Bibelwerken Deutschlands gemeinsam herausgegeben wurde.
In dieser »Guten Nachricht« sind die Evangelien und die Apostelbriefe klar und verständlich in die heutige Sprache übersetzt, so daß ich einen völlig neuen Zugang zur Heiligen Schrift bekam. Ich wurde so ergriffen von Jesu Worten, daß ich immer mehr Sehnsucht bekam, Jesus noch besser, noch tiefer kennenzulernen. Heute kann ich mir ein Leben als Christ ohne eine Kenntnis der Heiligen Schrift überhaupt nicht mehr vorstellen.

Viele Fragen des Alltags würden uns nicht mehr beunruhigen, viele Sorgen wären weniger wichtig, wenn wir uns die Antwort aus der Heiligen Schrift holen würden. Es ist erstaunlich, auf wieviele Fragen unserer Alltagsprobleme wir von Jesus in den Evangelien eine Antwort bekommen!

Der Geist führt uns, wenn wir uns ihm unterstellen.
Wenn wir zuerst nach Gottes Willen und nicht nach unserem Willen fragen.
Er schenkt uns eine neue Sehnsucht. Eine Sehnsucht, daß wir nur noch Jesus und dem Vater näher kommen wollen. Daß es nichts Wichtigeres in unserem Leben mehr gibt als Gott zu fol-

gen, als mitzuarbeiten bei der Gestaltung seiner Schöpfung und der Ausbreitung seiner Liebe.

Der Geist Gottes zeigt uns, daß wir nur dann tiefer zu Gott gelangen können, wenn wir von einem ganz großen Verlangen nach Gott erfüllt sind.

Er macht uns unsere Schattenseiten und Sünden deutlich. Vor allem aber läßt er uns klar erkennen, was uns noch von Jesus abhält und trennt. Er weckt in uns die Sehnsucht und die Bereitschaft, immer mehr alles Trennende abgeben zu wollen und nur noch nach dem zu trachten, was uns näher zu Christus hinführt.

Der Geist Gottes läßt uns dabei nicht allein. Er hilft uns und stärkt uns auf unserem Weg. Wenn wir uns nicht sperren, weckt er immer neu die Sehnsucht und läßt sie immer größer werden: daß wir immer mehr nur noch von seinem Geist erfüllt sein wollen. Daß wir immer tiefer mit Jesus verbunden leben wollen. Daß wir immer mehr seine Liebe mit unserem Leben in die Welt hineintragen wollen.

»Tut darum, was der Geist euch lehrt: Bleibt mit Christus verbunden!« (1 Joh 2,27 GN)

DER AUFTRAG

Eine Vision

Stellen sie sich inmitten unseres unruhigen Lebens einmal vor, wie es wäre, wenn eine ganze Stadt oder ein ganzes Land nur noch nach dem Willen Gottes, nur noch durch die Kraft des Heiligen Geistes leben würde.

Wenn nicht mehr egoistische Interessen, eigenmächtige Wünsche, Machtkämpfe im Kleinen wie im Großen eine Rolle spielen würden, sondern wenn alle Menschen dieser Stadt oder dieses Landes nur noch danach trachten würden, seinen Willen zu erfüllen, seinem Willen Vorrang zu geben.

Jeder will nur noch dem anderen helfen. Nur noch Liebe erweisen.

Keiner gebraucht mehr seine Ellenbogen.

Beim Autofahren gibt es fast keine Unfälle mehr: jeder fährt nur noch voller Rücksicht.

In der Familie kein Streit mehr: jeder versucht, den anderen zu verstehen und ihm zu helfen.

Niemand ist mehr auf sich konzentriert: jeder sieht zuerst die Vorzüge und Verdienste des anderen. Jeder kennt seine eigenen Fehler besser als die der anderen.

Es gibt keine Wichtigtuer mehr.

Keiner stellt sich mehr in den Mittelpunkt.

Jeder nimmt Rücksicht auf den anderen.

Keiner übervorteilt den anderen mehr.

Wir bräuchten keine Rechtsanwälte und keine Gerichte mehr, denn jeder würde mehr auf die Rechte des anderen als auf seine eigenen Rechte achten.

»Seht, wie sie einander lieben.« So würde man mit Fingern wieder auf uns zeigen wie auf die ersten Christen, die das Evangelium, die frohe Botschaft Jesu, wirklich ganz ernst nahmen und ihr ganzes Leben danach ausrichteten.

Eine Vision?

Ein Auftrag!

Das, was ein so schönes Bild zum Träumen und Ausmalen sein könnte, ist in Wirklichkeit der Auftrag Jesu an uns:
»Der Messias wird leiden und am dritten Tag von den Toten auferstehn, und in seinem Namen wird man allen Völkern verkünden, sie sollen umkehren . . .« (Lk 24,46f)
In seinem Namen wird man allen Völkern verkünden, sie sollen umkehren. Sie sollen anfangen, ein neues Leben zu führen . . .

Jesus verheißt den Jüngern auch, wie sie die Kraft zur Umkehr und die Kraft zur Verkündigung finden werden: »Ich aber werde den Geist, den mein Vater versprochen hat, zu euch senden. Wartet hier in der Stadt, bis ihr mit der Kraft von oben gestärkt werdet.« (LK 24,49 GN)
Das ist sein Auftrag an uns, daß wir von seiner Verheißung Gebrauch machen, ich werde euch den Geist senden: *lebt in der Kraft des Heiligen Geistes!* (Gal 5,16)

Ja, auch Ihnen und mir, uns allen hat Jesus den Geist versprochen.
Uns allen stellt er die Kraft des Heiligen Geistes zur Verfügung!
Besinnen wir uns doch noch einmal, wer dieser Heilige Geist ist.
Welche Kraft von diesem Heiligen Geist ausgeht.

Da trat ein »Wanderprediger« in Israel auf, verkündete, daß er das Reich Gottes neu gründen wolle – und dann endete er schmählich am Kreuz . . .
Doch dieser Jesus ist von den Toten auferstanden. Er hat seine ganze Macht gezeigt und allen, die es sehen wollten, bewiesen:
»Wahrhaftig, das war Gottes Sohn!« (Mt 27,54) Nun wird er diese seine Macht ja wohl auch den Jüngern zur Verfügung stellen . . .

Was würden wir tun, wenn wir ein neues Reich gründen, ein neues Land erobern sollten?
Zuerst einmal bräuchten wir viel Geld, um alles finanzieren zu können. Die Reisen, die Mitarbeiter, die Veranstaltungen . . .
Jesus hinterließ den Jüngern keinen Pfennig.

Dann müssen es zumindest ganz intelligente und besonders starke Männer gewesen sein.

Intelligent? Redekräftig? Überzeugungsmächtig?

Sie waren nur Fischer. Einfache Arbeiter, denen Jesus seine Botschaft anvertraut hatte.

Besonders tapfer? Vor einer Magd hatte Petrus Angst und war davongelaufen. Ausgerechnet dieser Petrus, der der »Fels« der neuen Kirche werden sollte!

Dann wenigstens braucht man gute Freunde. Gute Beziehungen . . .

Die Jünger? Sie waren noch nie aus ihrer Heimat herausgekommen.

Ohne Geld, ohne Machtmittel, ohne intelligente Berater, ohne starke Mitarbeiter, ohne irgendwelche Beziehungen: »Gehet hin in alle Welt.«

Wer von uns hätte für dieses Unternehmen auch nur einen Pfennig riskiert? Auch nur im geringsten diesem Unterfangen einen Erfolg zugetraut? Das konnte doch nicht gutgehen!

Weil wir menschlich denken, menschlich handeln, weil wir dabei den Geist unberücksichtigt lassen.

Auf zwei Pole hat Christus seine Kirche gegründet: auf die Schwachheit der Menschen und auf die Stärke des Heiligen Geistes.

Das ist die wirkliche Kraft des Heiligen Geistes: arme, ungebildete Fischer verkünden einer feindselig gestimmten Welt eine neue, fremde Botschaft. Sie werden verfolgt, in Gefängnisse geworfen, getötet.

Doch überall geht der Same dieser neuen Botschaft auf: In vielen Orten und Ländern glauben die Menschen. Intelligente wie Schwache. Reiche wie Arme, an die Botschaft dieses »Wanderpredigers« von Israel, der da am Kreuz gestorben und am dritten Tag wieder auferstanden ist.

Menschen, die vorher kein Wort über die Lippen brachten, verkünden auf einmal mit Heldenmut die Taten jenes Jesus von Nazaret.

Ohne Geld.
Ohne Machtmittel.
Ohne intelligente Berater.

Das alles bewirkt ausschließlich und allein die Kraft dieses Heiligen Geistes. Jenes Geistes, der seit dem ersten Pfingstfest in Jerusalem als Stellvertreter Jesu mitten unter uns ist. Den uns Jesus, der Sohn Gottes, als die Kraft Gottes, als seinen Beistand gesandt hat.

Damit auch wir, auch Sie und ich, uns ergreifen lassen.
Damit auch wir, auch Sie und ich, von ihm gestärkt und geführt werden.
Damit auch wir, auch Sie und ich, von diesem seinem Angebot, uns in der Schwachheit beizustehen, Gebrauch machen.

Die Kraft des Heiligen Geistes ist nicht bestimmten Menschen vorbehalten. Die Kraft des Heiligen Geistes steht vorbehaltlos allen zu, die an ihn glauben! (Joh 7,39)
Es ist der ausdrückliche Wunsch Jesu, ja sein Auftrag, daß wir von seiner Kraft Gebrauch machen!
Reichlich Gebrauch machen.
Täglich Gebrauch machen.

Paulus beschwört auch uns, wenn er an die Galater schreibt: »Lebt aus der Kraft, die der Geist uns gibt.« (Gal 5,16 GN)
Er ermahnt auch uns, wenn er den Thessalonichern zuruft: »Unterdrückt nicht das Wirken des Heiligen Geistes. Verachtet nicht die Weisungen!« (1 Thess 5,19 GN)
Christus hat uns den Geist Gottes gesandt als mächtigen Beistand für unser Leben. An uns liegt es, ob und wie wir von diesem seinem Angebot Gebrauch machen!

An uns liegt es, ob wir uns vom Heiligen Geist erfüllen und leiten lassen – wie er uns durch Paulus beauftragt hat – oder ob wir diese einmalige Kraftquelle unbenutzt liegen lassen.

Sein Geist wirkt mitten unter uns. Auch heute noch.

»Gott hat uns als ersten Anteil den Geist gegeben!« (2 Kor 5,5) Wie gehen wir mit diesem Anteil in unserem Leben um? Wuchern wir mit diesem Anteil Gottes? Lassen wir sein Geschenk in uns Wirklichkeit werden?

Paulus hat uns verheißen, welche »Fülle von Gutem der Geist Gottes wachsen läßt: Liebe, Freude, Frieden, Geduld, Freundlichkeit, Güte, Treue, Demut und Selbstbeherrschung.« (Gal 5,22f GN)

Das Vorbild

Der Geist Gottes selbst gibt uns ein Beispiel, wie wir leben sollen: er stellt sich nie in den Mittelpunkt. Er verweist immer nur auf den Vater und den Sohn.
So ist er uns ein leuchtendes Vorbild für unser Leben: Es geht nicht um mich. Nicht um meine Wünsche. Nicht um meine Vorstellungen. Allein der Wille des Vaters ist wichtig. Allein der Wille des Vaters ist Richtschnur für mein Denken und Handeln.

Wie sieht es da bei mir persönlich aus? Spreche ich nur von mir, höre ich nur mich gerne reden oder kann ich auch anderen zuhören? Dreht sich alles nur um meine Wünsche oder frage ich mich immer wieder, was Gott von mir will, was Gottes Wille ist? Diese Einstellung in unserem Leben ist so wichtig – und deswegen wiederhole ich sie nochmals – weil nur so, wenn ich nach seinem Willen frage, sein Reich kommen kann, sein Geist in uns lebendig werden kann.

Der Heilige Geist führt uns schnurgerade. Ohne Kompromisse.
Er gibt uns ein Vorbild für unser Leben, an das wir uns immer
halten können.
Er zeigt uns die Wege, die uns hinführen zu mehr Freude und
Frieden; zu innerer Freiheit und größerer Sicherheit.

Wir bleiben Menschen

Das möchte ich noch einmal wegen seiner großen Bedeutung
wiederholen: Wir haben den Geist nicht geschenkt bekommen,
weil wir vollkommene Menschen sind, sondern weil uns der Geist
in unserer Schwachheit beistehen soll.
Wie sehr wir durch den Geist auch gestärkt und geführt werden,
wir bleiben Zeit unseres Lebens Menschen mit allen Schwächen
und Fehlern. Die wir aber besser in den Griff bekommen und
leichter besiegen können, wenn wir dem Geist Gottes Raum in uns
geben.

Wenn Sie einen Anfang machen und sich von Gott führen lassen
wollen, werden Sie sehr bald spüren, wie der Geist Gottes in Ihr
Leben mit einer großen befreienden Wirkung einbricht.
Wie Ihnen neue Kraft und Sicherheit zuwächst.
Wie er Ihnen Mut verleiht.
Wie er Ihr Leben aktiv führt.

Es kommt eine Zeit, da möchten Sie nur noch »Alleluja-Preist den
Herrn« vor lauter Freude und Begeisterung singen. (»Be-geist-
ert« sein heißt ja »vom Geist ergriffen sein«! Der Geist schenkt
uns eine neue Be-geist-erung für unser Leben!)

Hier müssen wir aber auch vorsichtig und selbstkritisch sein. Wir
haben keine Garantie gegen Rückschläge in unserem Leben. Wir
haben aber den Geist geschenkt bekommen, daß er uns immer
wieder neu hilft und immer wieder neu zu Jesus zurückführt.

Er läßt uns in der Niederlage und nach jeder Sünde unser falsches Handeln erkennen und schenkt uns eine neue Einsicht in unser Fehlverhalten.

Gleichzeitig nimmt der Heilige Geist uns liebevoll-zärtlich an die Hand und ruft uns auf den Weg zurück zum Vater, der in seiner großen Barmherzigkeit auf uns wartet.

Er läßt uns erkennen, wie sehr der Vater uns liebt und wie er nur auf unsere Umkehr wartet, um uns zu vergeben und wieder neu bei sich aufzunehmen.

Der Geist Gottes kann uns freimachen. Auch frei von allen Sünden.

Weil wir als Menschen aber auch »Gewohnheitstiere« sind, langjährige Gewohnheiten uns oft hartnäckige Begleiter geworden sind, werden wir so manche Fehlhaltung in unserem Leben nicht von heute auf morgen abstellen können. Hier brauchen wir viel Geduld und eine große Treue im Kleinen.

Viel Gebet.

Und immer wieder einen neuen Anfang.

Wir dürfen ja mit den kleinsten Wünschen und Regungen zu Jesus gehen und ihn in allem um Kraft bitten.

In allem dürfen wir seine Treue und Langmut suchen. Seine Güte und Fürsorge preisen.

Ihm können wir alles übergeben: nicht mehr ich will handeln, sondern der Wille des Vaters soll in mir lebendig werden. Nicht mehr meine Wünsche, sondern sein Wille soll ausschlaggebend sein.

Wir dürfen uns dem Geist Gottes in großer Gelassenheit anvertrauen; er steht uns täglich neu in unserer Schwachheit bei.

Er führt und stärkt uns in einer wundervollen, nie geahnten Wirklichkeit.

DIE FÜHRUNG

Wie erfahre ich die Führung des Geistes?

Nun haben wir sehr viel von der Führung durch den Heiligen Geist gehört. Wie aber geschieht das in der Praxis? Wie werde ich konkret vom Geist Gottes geführt?
Kann ich ihn sehen oder hören?
Spricht er zu mir oder erscheint der Geist in Visionen?

Hierfür gibt es keine Regelantwort. So wie die Wege zum Heiligen Geist bei jedem Menschen verschieden sein können, erfährt auch jeder, der sich der Führung durch Gottes Geist unterstellen will, diese auf eine andere Art und Weise.
Aber es gibt Erkenntnisse, an denen wir uns orientieren können.

Wir erleben Geistführung in der Stille vor Gott

Hier ist es vor allem das Gebet in der Stille. Noch genauer: das völlige Stillwerden vor Gott. Wo wir mit Gott ganz zu einer Einheit werden, nur noch mit ihm allein sein wollen.
Wo wir alles ihm hingeben. Alle Sorgen und Wünsche. Alle Anliegen. Alles, was uns beschäftigt.
Wo uns nur noch Gott wichtig ist. Nur noch seine Anwesenheit. Sein Wille.
Wo wir nur noch für ihn da sein wollen. Nur noch auf ihn schauen, nur noch auf ihn hören wollen.
In einer solchen Situation der völligen Hingabe erleben auch heute noch Christen, daß der Geist Gottes deutlich und »hörbar« zu ihnen spricht.

Auch heute noch »spricht« Gottes Geist zu Menschen. Es muß nicht ausschließlich beim Gebet sein.
Einer Frau gab er vor einem Jahr ein Wort des Trostes beim Schwimmen im See.
Einen Freund sprach er an bei der Anbetung vor dem Altar, ein

anderes Mal nach dem Abendessen im stillen Klosterkreuzgang, das dritte Mal bei einem Spaziergang am Tag.

Wir sollten aber nicht auf ein unmittelbares Zeichen oder gar eine sichtbare Vision warten, wenn wir uns der Führung durch Gottes Geist überlassen. Es geht ja nicht darum, daß wir eine besondere Auszeichnung erwarten, sondern daß wir »mit brennender Sehnsucht« danach trachten, Gottes Willen zu tun. Und daß wir für diese Entscheidung unseres Lebens, nur noch nach Gottes Willen handeln zu wollen, die Führung und die Fürbitte des Geistes erflehen.
Wer ein Spectaculum oder gar eine Vision ersehnt, wird enttäuscht werden. Wer den Willen des Vaters erfüllen will, wird die Führung des Geistes erfahren. Darin geschieht ja die intensivste Verbindung eines Menschen mit Gott: *daß er nur noch den Willen Gottes leben will.* Daß er nur noch »ein Geist« und »eine Seele« mit Gott sein will.

Gottes Geist spricht durch das Evangelium

Sein ganzes Leben lang wollte Jesus nur eines verwirklichen: den Willen des Vaters erfüllen.
Das war sein Auftrag. Sein ganzes Trachten und Streben. Sein Wunsch und das Ziel seines Lebens: dem Willen des Vaters gehorsam zu sein.
Jesus hat nie gegen Gott, seinen Vater gehandelt. Er hat sich nie gegen seinen Vater entschieden. Nie vom Weg zum Vater hin ablenken lassen.

So können wir besonders aus den Evangelien, beim Lesen der Lebensgeschichte Jesu, Gottes Geist erfahren.
Jesus hat immer wieder davon gesprochen, was der Vater von uns will.
Da der Geist und der Vater aber eine Einheit sind, erleben wir Geistführung am leichtesten, wenn wir die Heilige Schrift lesen.

Hier spricht der Geist Gottes unmittelbar zu uns. Hier erfahren wir am deutlichsten Gottes Willen.

Der Geist Gottes führt durch innere Eingebungen

Diese Führung durch innere Eingebungen erleben wir am häufigsten, wenn wir uns seinem Willen unterstellen. Der Geist schärft unser Gewissen und läßt uns immer klarer und besser erkennen, wie wir wirklich handeln sollen. Er macht uns feinfühliger in unserer Verbindung zu Gott hin, aber auch feinfühliger in unseren Kontakten zu den Menschen. Wenn wir dem Geist Gottes unser Leben anvertrauen, läßt er uns Weisungen und Anregungen »hören«. Gerade in der Anfangszeit einer Geistführung erstaunen wir immer wieder, auf was wir alles aufmerksam gemacht werden. Wie wir vieles genauer und kritischer ansehen als früher.

Aber hier müssen wir sehr vorsichtig sein: es gibt viele Geister, die auf uns einwirken. Neben Gottes Geist unser eigener menschlicher Geist, die Geister unserer sündhaften Natur. Und letztlich vor allem »der große Verwirrer«, wie ihn meiner Meinung nach am zutreffendsten Roger Schütz nennt. »Der große Verwirrer«, weil er uns durcheinanderbringen und in Unruhe stürzen will. Denn dann können wir Gottes Geist nicht erfahren.
Weil Führung durch Eingebung – in positivem Sinn durch Gottes Geist, in negativem durch die Geister der Verwirrung und durch unsere eigenen falschen Wunschvorstellungen – am häufigsten ist, soll darüber in einem der folgenden Abschnitte ausführlich gesprochen werden.
Hier vorab nur schon die eine wichtige Unterscheidung, die wir eben kennengelernt haben:
Gottes Geist erfahre ich in der Stille, in der Ruhe.
Wenn mein Leben geordnet ist.
Wenn mein Leben auf Gott hin ausgerichtet ist.

Weil Satan das weiß, ist er in allem bestrebt, in unser Leben Unruhe und Unordnung hineinzubringen. Das geht soweit, daß er uns selbst mit religiösen und sittlichen Überforderungen zu traktieren und aus der Bahn zu werfen versucht. Sie können sich fest darauf verlassen, daß *alle übersteigerten Forderungen,* auch in religiöser und sittlicher Hinsicht, *nicht von Gott,* sondern vom Satan kommen!

Besonders gilt das, wenn wir Eingebungen vernehmen, daß wir uns noch mehr in religiösen Übungen anstrengen, noch öfters in die Kirche gehen sollen, wenn wir andererseits dadurch von unseren Alltagspflichten abgelenkt und unser Leben so in Unordnung und Unruhe kommen würde.

Ein wichtiges Unterscheidungsmerkmal zwischen göttlichen und ablenkenden Eingebungen ist die Frage: *bringt diese Eingebung mich in innere Unruhe?* Bringt sie mein Leben in Unordnung, weil ich zum Beispiel Pflichten vernachlässigen oder körperlich in Streß kommen würde? Oder führt mich diese Eingebung, wenn ich sie befolge, hin zu mehr Frieden, zu mehr Ruhe und zu mehr Ausgeglichenheit?

Gott ist ein Gott des Friedens und der Liebe. Gott will nicht, daß unser Leben in Unruhe und Streß gerät. *Gottes Eingebungen führen immer zu mehr innerer Ruhe, zu mehr Frieden und zu mehr innerer Freude.*

Teuflische Eingebungen führen meistens zu Unruhe und Unordnung. (Auch mehr Selbstgefälligkeit infolge »religiöser Leistungen« wäre ja eine solche Unordnung in meinem Leben!)

Gott ist kein Leistungs-Gott.
Gott ist ein liebender Gott!
Und: Gott ist ein unendlich großer, ein allmächtiger Gott.
Wir können ihn nie und nimmer durch irgendwelche religiösen *Leistungen* beeindrucken oder beeinflussen. Er will allein, daß wir uns ihm wie Kinder anvertrauen und als seine Kinder den Willen des Vaters erfüllen.
Er setzt uns dazu aber nie unter Druck. Nie unter Zwang.

Gott führt durch andere Menschen

Eine sichtbare und spürbare Geistführung erleben Sie, wenn Sie in einem vertrauensvollen Gespräch mit einem geeigneten Seelsorger Ihre Nöte und Probleme besprechen.

Ein solcher Seelsorger ist ja nicht nur besonders geschult in der Auslegung der Heiligen Schrift und der Gebote Gottes, er stellt sich auch selbst unter die Führung des Geistes, wenn er mit Ihnen über Gott und Ihre Probleme spricht.

Wo Menschen sich einem geistlichen Berater anvertrauen, erleben sie eine intensive Geistführung. Gerade Menschen, die große Schwierigkeiten in ihrem Leben durchstehen müssen, erfahren in einer solchen Begleitung eine große, unschätzbare Hilfe für ihr Leben.

Ich möchte daher jedem empfehlen, der sich nach Gottes Führung sehnt, im Gebet um einen Menschen zu bitten, der ihm Helfer auf dem Weg zu Gott sein kann.

Natürlich können wir auch in einem Buch Grundregeln kennenlernen und uns verläßlich daran halten. Aber im lebendigen Alltag sieht jedes Problem plötzlich wieder ganz anders aus. Da ist es dann hilfreich und oft unerläßlich, daß wir einen vom Geist geführten Seelsorger um Rat fragen können.

Aber nicht nur in geistlichen Gesprächen und durch den Seelsorger erfahren wir Gottes Geist. Auch durch jeden anderen Menschen können wir die Hilfe des Geistes in Anspruch nehmen.

Wie oft wollte und habe ich früher in meinem Betrieb allein entschieden. Heute habe ich mir angewöhnt, möglichst nichts mehr allein zu unternehmen, bevor ich nicht mit anderen darüber gesprochen, andere um Rat gefragt habe.

Hier möchte ich ein ehrliches und offenes Wort vor allem zu uns Männern, auch zu mir selbst, sagen. Wie oft wollen wir in der Ehe – und auch als Vorgesetzte im Beruf – dominieren und alles besser wissen.

Mit welchem Recht stellen wir uns denn überheblich über unsere

Frauen oder über unsere Mitarbeiter? Mit welchem Recht wollen wir denn alles besser wissen als die anderen?

Unsere Frau ist genauso ein Geschöpf Gottes wie wir. Unsere Mitarbeiter sind genau wie wir Kinder Gottes. Wir leben einfach in einer falschen Überheblichkeit, wenn wir glauben, wir müßten andere nicht um Rat fragen. Andere wüßten es nicht so gut wie wir selbst.

Richtig ist zwar, daß andere Menschen andere Fähigkeiten geschenkt bekommen. Aber: jeder Mensch hat seine Fähigkeiten dazu bekommen, *daß er durch sie andere Menschen ergänzt.*

Auch mancher Seelsorger sollte sein Gewissen hier einmal prüfen. Das Studium der Theologie garantiert noch lange nicht Unfehlbarkeit. Und die ihm unterstellten»Schäflein« seiner Pfarrei sind ebenso von Gott geliebt und Geschöpfe Gottes – also mit demselben Geist und denselben Möglichkeiten von Gott ausgestattet – wie er selbst.

Um was es geht: Gottes Geist ist sehr deutlich erfahrbar, wenn ich als Mann meine Ehefrau um Rat frage – und gleichzeitig im stillen Gott bitte, er möge mir durch meine Frau eine Antwort zukommen lassen.

Gottes Geist kann ich sehr gut erfahren, wenn ich auch meine Mitarbeiter oder in der Familie meine Kinder um Rat frage.

Gottes Geist kann ich als Seelsorger auch aus dem Munde von Laien sprechen hören. Es kommt nur darauf an, daß ich bereit bin, mich zu öffnen und hinzuhören!

Natürlich kann mir Gott durch einen anderen Menschen auch Belehrung oder Tadel zukommen lassen. Wenn ich hell-hörig werde, fein-fühlig reagiere, werde ich staunen, wie oft Gottes Geist durch andere Menschen im Alltag zu mir spricht.

Gott spricht durch die ganze Welt

Wo ich auch hinschaue, kann ich Gottes Wirken entdecken. In der Natur und im Alltag. In vielen Erlebnissen und Ereignissen.

Gott ist ja kein toter Gott.
Gott ist nicht unwirksam.
Gott lebt!
Und Gott ist unaufhörlich.
Ohne Ende. So wie er auch ohne Anfang ist.

Das Wirken Gottes ist spürbar und greifbar. An uns liegt es, ob wir gedankenlos und ohne Augen durch die Welt gehen oder ob wir hören und sehen wollen, wo und wie Gott am Werk ist.

Hier macht jeder Mensch seine eigenen Erfahrungen. Lassen Sie mich nur noch einige konkrete Hinweise als Anregung zum Nachdenken und Weiterforschen geben:
Gott spricht auch durch negative Ereignisse zu mir. Zum Beispiel durch einen Unfall, den ich erlebe. Daß ich daraus lerne. Daß ich mich in Zukunft anders verhalte.
Durch ein negatives Beispiel eines anderen Menschen: Mir stößt auf, wie meine Nachbarin immer so viel über andere Menschen lästert. Gott hält mir durch diese Nachbarin einen Spiegel vor das Gesicht: verhalte ich mich vielleicht auch so? Ich will doch als Christ leben, den Willen des Vaters tun.
So kann Gott durch negative Beispiele eine Veränderung in mir herbeiführen, wenn ich *mit wachen Augen und Ohren* durch die Welt gehe.

Gottes Geist läßt mich auch inmitten einer ungläubigen Umwelt nicht allein. Er begleitet und er führt mich, wenn ich seiner Führung Raum in mir gebe, wenn ich mich bereit halte für sein Wirken.

Warten können

Wenn wir zu Beginn des letzten Kapitels gehört haben, daß der

Geist Gottes nicht nach Patentrezepten handelt, so muß hier gesagt werden, daß er vor allem auch nicht »auf Kommando« hin aktiv wird.

Viel Zweifel an Gott und viel Mißtrauen gegenüber der Wirksamkeit von Gebeten entstehen, weil wir glauben, »jetzt habe ich schon so viel gebetet . . .« Vielleicht fügen wir auch noch an: »und schon so viele Opfer gebracht . . .«

Gott handelt nicht nach menschlichen Vorstellungen: gibst du mir etwas, gebe ich dir etwas. Gott handelt allein aus Liebe; wann, wo und wie er es aus seiner göttlichen Sicht für gut hält.

Was Gott in seiner Liebe für uns Menschen und für seine Schöpfung für notwendig hält, das müssen wir ihm überlassen. Das können wir mit unserem begrenzten Erkennungsvermögen, das für heute und morgen, für hier und jetzt ausreicht, nicht erahnen und nicht beeinflussen.

Gott ist auch ein Gott des Friedens und nicht des Unfriedens. Ein Gott der Gesetzmäßigkeiten; göttlicher Gesetzmäßigkeiten, die einen anderen Verlauf haben, als wir ihn uns menschlich vorstellen können.

So müssen wir auf eine Geistführung manchmal lange warten und uns in großer Geduld üben. Es können Wochen und Monate vergehen, in denen wir nichts, aber auch gar nichts verspüren.

In solchen Zeiten will Gott meistens etwas in uns vorbereiten. Etwas Neues in uns heranreifen lassen.

So, wie wir das Wachsen des Samenkorns nicht verfolgen können, weil es unsichtbar und in der Stille erfolgt, können wir meistens auch nichts spüren, wenn ein neuer Samen in uns selbst wächst und reift.

Ich weiß noch genau, wie ich vor Jahren von Münchner Freunden hörte, daß sie ein Seminar zur Erfahrung des Heiligen Geistes veranstalten wollten. Eine große Sehnsucht wuchs in mir, daß ich auch diesen Geist in meinem Leben erfahren könnte. Aus der

Entfernung machte ich diesen Kurs mit, und mein Beten und mein Verlangen wurden von Tag zu Tag intensiver.

Jede freie Minute, jeden Weg, jede Möglichkeit nutzte ich dazu aus, um für die persönliche Geist-Erfahrung zu beten. Am Wochenende war ich mit einem guten Freund Tag und Nacht im Gebet.

Aber nichts rührte sich. Nichts war vom Heiligen Geist zu spüren. Nur die Sehnsucht nach ihm war da.

Wochen vergingen. Weihnachten kam, und die Gedanken an den Geist wurden weniger. Das Fest und die Kinder lenkten davon ab.

Ich war nicht enttäuscht. Alles ging wieder in ein »normales« Leben über mit »normalen« Gebetszeiten, ohne die »nächtlichen Überstunden«, die mir im übrigen sehr viel Freude gemacht und Kraft geschenkt hatten.

Vom Heiligen Geist war nichts zu spüren. Bis jener Abend kam, da ich nach dem Essen allein durch einen Klosterkreuzgang ging . . .

Gott ist kein Gott, der auf Bestellung handelt. Kein Gott, der nach Einwurf eines Geldstückes tätig wird. Das Handeln Gottes müssen wir – voller Vertrauen und Demut – allein ihm überlassen.

Gerade dadurch lernen wir Geduld für unser neues Leben, daß wir in der Geistführung uns selbst manchmal mit viel Geduld wappnen müssen.

Aber dann, plötzlich oder auch ganz unspürbar, wird in uns manches klarer. Wir werden ruhiger, gelassener: der Geist Gottes hat eine Nebelwand auf die Seite geschoben, hat uns Klarheit geschenkt. Wir sehen wieder einen Weg, ein neues Ziel.

Wenn wir von uns aus auch manches tun können, um für das Wirken des Heiligen Geistes aufgeschlossen und bereit zu sein, den Zeitpunkt für die lebendige Erfahrung seines Wirkens in unserem Leben müssen wir ihm allein überlassen. Ihm allein anvertrauen.

Er führt und begleitet uns auch dann, wenn wir es nicht unmittelbar spüren und greifen können.

112

Wir müssen nur warten können. Warten können, bis er – und nicht wir – die Zeit für eine Entscheidung, die Zeit für eine Klärung für reif hält.

Trockenheit, Dunkelheit, Verlassenheit

Ein wichtiger Abschnitt im Reifeprozeß des vom Geist Gottes geführten Menschen ist die Zeit der geistigen Trockenheit und der Einsamkeit, die sich manchmal bis zur Verlassenheit und äußersten Gottferne steigert.

Aus den Erfahrungen, die wir über die Auswirkungen solcher Zeiten haben, dürfen wir annehmen, daß Gott solche Trostlosigkeiten zuläßt (oder vielleicht auch selbst herbeiführt?), damit unser Vertrauen zu ihm sich unabhängig von unseren Gefühlen und Erlebnissen entwickeln und bewähren kann.

Es ist ja nicht allzu schwer, Alleluja und Hosianna zu singen, wenn es uns gut geht. Wenn wir Zeichen der Stärkung und der Hilfe erfahren. Gott will aber, daß wir in allen Lebenslagen ihn als unseren Gott und Schöpfer anerkennen und ihm vertrauen.

Depressionen, Melancholie und geistige Trockenheit werden oft miteinander verwechselt.

Bei seelischen Depressionen geht die Verlassenheit bis zur Ausweglosigkeit, bis zum Schluß-machen-wollen: »es hat ja alles doch keinen Sinn mehr.«

Bei der »geistigen Trockenheit« erfahre ich mich auch hilflos. Ohne Antwort. Einsam. Allein. Fühle mich in eine große Dunkelheit versetzt. Sehe meinen Weg im Moment nicht mehr.

Aber wenn meine Not auch ähnlich groß – und manchmal ähnlich lang anhaltend wie bei einer Depression – ist, so verleiht mir der Geist Gottes doch irgendwie immer noch eine Ahnung von Gott; auch in der größten Dunkelheit erfahre ich noch eine unsichtbare Stärkung, die mich auch in der Verlassenheit an Gott noch glauben und nicht verzweifeln läßt.

Oft vermischen sich geistige Trockenheit mit Depressionen, so daß wir die verschiedensten Formen von Einsamkeit, Verlassenheit und Gottferne kennen.

Gerade für solche Situationen brauchen wir einen guten Berater und gute Freunde.

Gute Freunde, um deren Gebet wir in Zeiten der Verlassenheit besonders bitten. Es geht ja darum, daß wir in unserer Einsamkeit gestärkt werden.

Und einen guten Berater, mit dessen Hilfe wir den Weg durch die Verlassenheit hindurchfinden und der besser als wir erkennen kann, ob wir eine geistige Trockenheit oder eine seelische Depression erleben.

Ein Anhaltspunkt zur Unterscheidung der beiden ist für mich das Zeichen der Ausweglosigkeit: Im Falle einer Depression ist alles aussichtslos, ohne jede Hoffnung. Ich sehe überhaupt keinen Weg mehr, keine Möglichkeit mehr *für meine ganze Zukunft.*

Im Falle der geistigen Trockenheit sehe ich *im Moment* keinen Weg mehr. Weiß ich *im Moment* kein Weiterkommen mehr. Aber irgendwo verbleibt mir noch eine Hoffnung, daß diese Dunkelheit einmal wieder vorbei sein wird, daß Gott, der Herr, mein Schöpfer und mein Vater, auch – und gerade – in der Dunkelheit und Verlassenheit noch bei mir ist. Das schönste Beispiel erzählt wohl die bekannte Geschichte von den Spuren im Sand: »Da, wo du nur noch eine Spur im Sand gesehen hast, da hatte ich dich nicht verlassen. Da habe ich dich getragen, um dir deinen Weg leichter zu machen.«

Gott verläßt uns nie.
Gott ist bei uns, auch in der größten Dunkelheit.
Gott ist immer am Werk.

Gott wird auch Ihnen eine Antwort geben, wenn Sie Zeiten der geistigen Einsamkeit durchstehen müssen. Auch wenn Sie einmal lange warten müssen. Freuen Sie sich dann besonders:
Gott ist gerade in Zeiten der Verlassenheit am Werk, in Ihnen Neues vorzubereiten!

114

DIE UNTERSCHEIDUNG

Es gibt viele Geister

Unser Leben steht täglich unter vielerlei Einwirkungen, die uns beeinflussen und in bestimmte Richtungen zwingen wollen. In diesem Abschnitt über »die Unterscheidung der Geister« wollen wir uns auf die geistigen und seelischen Beeinflussungen konzentrieren, weil diese uns zu Gott hin- oder von Gott wegführen können.

Viele Geister wollen uns lenken und in uns wirken. Denken wir nur an die Geister des Ansporns, der Ausdauer, des Wagemuts, des Plänemachens oder auch des Glück-suchens.

Ebenso gibt es die Geister der Rechthaberei, des Egoismus, der Leidenschaften, der Eifersucht, des Neides oder gar des Hasses.

Als bösartige Beeinflussungen, die zur Sünde führen, können wir vorweg alle Regungen in uns erkennen und ausscheiden, die gegen die zehn Gebote oder gegen klare Aussagen der Heiligen Schrift verstoßen.

Hier gibt es eine wichtige Regel: Nicht lange damit aufhalten. Je länger ich mich mit solchen Versuchungen beschäftige, um so anfälliger werde ich dafür, um so leichter haben die Geister der Verwirrung ihr Spiel mit mir.

Je schneller ich mich Gott zuwende – und sei es nur durch ein Stoßgebet, einen Anruf an Jesus, ein Kreuzzeichen – um so schneller weicht der Verwirrer.

Von hartnäckigen Versuchungen aber – oder von langjährigen falschen Gewohnheiten – kann ich mich meistens nicht allein befreien. Hier darf ich in gläubigem Vertrauen meine Fehlhaltungen Gott hinhalten und ihn bitten, daß er mich durch den Heiligen Geist befreien möge.

In diesem Abschnitt aber soll es nicht um die sündhaften Neigungen in uns gehen, die wir normalerweise als solche erkennen können, sondern um die vielen Anregungen und Eingebungen, deren Urheber wir nicht immer sofort deutlich unterscheiden können.

Je mehr in Ihnen die Sehnsucht wächst, Ihr Leben ganz der Führung durch den Heiligen Geist anzuvertrauen und immer mehr auf den Willen Gottes hören zu wollen, um so spürbarer erfahren Sie, wie Sie von inneren Stimmen geleitet und beeinflußt werden.

Haben Sie früher oberflächlich dahingelebt, so macht Sie jetzt das »Hören auf Gott« sensibel und empfindsam für Ihre inneren Regungen.

Da aber nicht nur Gottes Geist in der Welt am Werk ist, sondern auch die Mächte des Bösen ebenso wie die Mächte unserer eigenen Wünsche und Bequemlichkeiten, müssen wir genau unterscheiden lernen, aus welcher – göttlicher, menschlicher oder dämonischer – Quelle wir unsere Eingebungen erfahren.

Menschen, die dem christlichen Glauben fern stehen, behaupten sehr oft, daß es gar keinen Widersacher, keine Dämonen gäbe; manche Christen wissen zwar um *das* Böse, zweifeln aber, ob es »*den* Bösen« (in Person) gibt. Nun, auch wenn »Person« hier nicht nach Art menschlicher Personen verstanden werden darf, sprechen die Heilige Schrift und die kirchliche Lehrtradition von einer geistigen Kraft mit Erkenntnis und freiem Willen, so daß wir von »dem Verwirrer« sprechen können.

Wichtiger aber als diese Interpretation ist die Frage der Praxis: Wer die unheimliche Macht des Bösen nicht ernst nimmt und nicht mit ihr rechnet, bei dem hat der große Verwirrer sein Ziel schon erreicht. Kein Wunder, daß solche Männer und Frauen ein Wirken des Bösen nicht ausmachen können.

Dagegen hat der Verwirrer alles Interesse daran, Menschen, die auf dem Weg zu Gott sind, von diesem Weg abzuhalten. Denn er will ja nicht den Frieden, sondern den Unfrieden. Nicht die Vergebung, sondern den Streit. Nicht die Liebe, sondern den Haß.

Wie können wir mit einiger Sicherheit auseinanderhalten, welche unserer inneren Stimmen von Gott oder aus uns, von Gottes Geist oder vom Geist des Verwirrers kommen?

Wie können wir die Geister prüfen, von denen Johannes schon spricht: »Traut nicht jedem Geist, sondern prüft die Geister, ob sie aus Gott sind; denn viele falsche Propheten sind in die Welt hinausgezogen.« (1 Joh 4,1)

Auch für diese wichtige Frage der Unterscheidung der Geister bieten sich wieder keine Patentrezepte, aber doch wichtige Erfahrungen an. Dabei müssen wir darauf achten, daß eine Eingabe oder Anregung nur dann von Gott sein kann, wenn sie *gegen keine* der folgenden Aussagen verstößt.

Es genügt zum Beispiel nicht, daß wir von einem persönlichen Anstoß den Eindruck haben – wir fühlen uns vielleicht angeregt, etwas Besonderes für die Dritte Welt zu tun –, diese Eingebung stimme mit *einer* der folgenden Erkenntnisse überein. In diesem Fall mit der ersten: seine Liebe weiterzugeben. Wenn durch diese neue Initiative gleichzeitig aber unser Leben in Unordnung käme und wir unsere Pflichten vernachlässigten, dann kann diese Eingebung nicht von Gottes Geist stammen.

Wir müssen genau und sehr sorgfältig prüfen, ob unsere Anregung *mit mindestens mehreren Aussagen* übereinstimmt und – nochmals sei es betont – *gegen keine* dieser Erfahrungen verstößt!

Der Geist Gottes und die Geister der Verwirrung

Hilfreiche Orientierungspunkte können wir finden, wenn wir das Wesen und Wirken Gottes und seines Geistes dem Wesen und Wirken der Geister der Verwirrung gegenüberstellen.

Dabei sind wir uns klar darüber, daß wir das Wesen und Wirken Gottes nie in seiner Gesamtheit erfassen und beschreiben, sondern nur erahnen können.

Gott ist unendlich in allen seinen Dimensionen. Wir können immer nur einen schwachen Versuch machen, uns an die unendliche Größe Gottes heranzutasten.

Was wir über Gott wissen, haben wir vor allem aus der Bibel und von Jesus selbst erfahren. Im Gleichnis vom verlorenen Sohn (Lk 15,11–32), das viel besser das »Gleichnis vom barmherzigen Vater« heißen sollte, schildert Jesus uns Gott als zärtlich liebenden

Vater, der seinen zur Umkehr entschlossenen Sohn voller Liebe und voller Freude bei sich wieder aufnimmt.

Wenn wir nachlesen, was dieser Sohn dem Vater angetan hatte: er hatte sein Erbteil herausgefordert und verschwendet. Das, was der Vater in vielen Jahren unter großer Mühe und vielen Anstrengungen erworben hatte, ließ er sich auszahlen. »Nach wenigen Tagen packte er alles zusammen und zog in ein fernes Land. Dort führte er ein zügelloses Leben und verschleuderte sein Vermögen.« (Lk 15,13)

Er hat den Vater verlassen. Sein Vermögen verschleudert.
Und nun kommt er zurück. Arm und zerlumpt.
Wie reagiert der Vater?

»Der Vater sah ihn schon von weitem kommen, und er hatte Mitleid mit ihm. Er lief dem Sohn entgegen, fiel ihm um den Hals und küßte ihn.« (Lk 15,20)

Kein Wort von Strafe, kein Wort von Wiedergutmachung. Ein Fest läßt der Vater feiern! Das beste Gewand läßt er holen. Einen Ring steckt er ihm an die Hand: »Mein Sohn war tot und lebt wieder; er war verloren und ist wiedergefunden worden.« (Lk 15,24)

So handelt Gott, will uns Jesus mit diesem Gleichnis sagen. Gott freut sich über jeden, der umkehrt. Der heim zum Vater kommt.

Gott ist ein zärtlich liebender Gott

Mehr noch, sagt uns Johannes in seinem ersten Brief: »Gott *ist* die Liebe.« (1 Joh 4,8)

Aus dieser und vielen anderen Aussagen dürfen wir das wohl wichtigste und am leichtesten erkennbare Merkmal ableiten: alle Eingebungen, die gegen die Liebe verstoßen, die uns von Gottes Liebe wegführen, die in uns gar Haß- oder Rachegefühle, Neid oder Eifersucht erzeugen, können nicht von Gott sein.

Gott führt immer zur Liebe hin. Er will, daß seine Liebe unter uns Menschen immer größer, immer mehr verbreitet wird. Das war das neue Gebot Jesu an uns Menschen, in dem er alle anderen Gebote zusammengefaßt hat: »Liebt einander, so wie ich euch geliebt habe.« (Joh 15,12) *Was auch nur im geringsten gegen die Liebe verstößt, kann nicht von Gottes Geist eingegeben sein!*

Alle Eingebungen und Anregungen, die uns zur Liebe Gottes hinführen, die uns veranlassen, die Liebe weiterzugeben, können wir dann als vom Geist Gottes eingegeben ansehen, wenn sie *mit keiner* der später folgenden Maßstäbe kollidieren.

Bevor wir jedoch weitere Eigenschaften Gottes und seines Geistes betrachten, wollen wir zunächst auf die Geister der Verwirrung schauen. Dabei ist es an dieser Stelle unwichtig, ob jene Geister menschlichen, natürlichen oder übernatürlichen Ursprungs sind. Schon von unserem menschlichen Eigenwillen gehen». . . Feindschaften, Streit, Eifersucht, Jähzorn . . . Neid und Mißgunst und ähnliches mehr« aus. (Gal 5,19–21)
Vom Wesen und Wirken der Geister der Verwirrung wissen wir, daß sie uns durcheinander bringen und uns unseres festen Fundamentes berauben wollen. Sie schaffen Unordnung und stiften Unfrieden. Gott aber ist ein Gott des Friedens.

Gott ist ein Gott des Friedens

»Der Friede sei mit euch« – *das* ist der Gruß und die Botschaft Jesu nach seiner Auferstehung, nach seinem Sieg über die Welt und den Tod. Das ist auch allein der Wille des Vaters, den Jesus uns verkündet:
»Der Friede sei mit euch!«
Paulus bestätigt es den Korinthern: »Gott ist nicht ein Gott der Unordnung, sondern ein Gott des Friedens.« (1 Kor 14,33)
Gott will, daß sein Friede unter uns lebendig ist. Daß wir in seinem Frieden leben, in seinem Frieden arbeiten, denken, handeln, fühlen, reden.

Lieblosigkeiten jeglicher Art, Rechthaberei, Besserwisserei oder Unfrieden können kein Ergebnis einer Geistführung sein. Das sind Produkte des großen Verwirrers.

Ein wichtiges Kriterium – wie das der Liebe – kann daher sein: *bringt eine Eingebung mir inneren Frieden? Führt eine Eingebung zu Frieden oder zu Streit?*

Gott ist ein treuer Gott

In Milliarden von Jahren, die wir heute bis zur Erschaffung des Weltalls zurückblicken können, hat Gott nicht ein einziges Mal seine Gesetze geändert. An diesen von Gott gegebenen Gesetzen können wir auch ablesen, daß Gott ein Gott der Ordnung und der Gesetzmäßigkeit ist.

Gott handelt nicht sprunghaft. Er hält fest an seinen Gesetzen. Er hat einen festen Plan für seine Schöpfung und auch für uns Menschen.

Gott wechselt nicht seine Grundsätze. Intuitionen, die uns heute in die eine, morgen in die andere Richtung schicken wollen, können nicht vom Geist Gottes sein.

Der Geist Gottes gibt klare Anweisungen und *führt einen geraden, einsichtigen Weg.*

Eingebungen, die mir unklar sind, kann ich deswegen auch *voller Vertrauen Gott wieder zurückgeben* mit der Bitte: wenn die Anregung wirklich von ihm war, dann möchte er sie mir bitte nochmals neu schenken. Gott wird mein Vertrauen nicht enttäuschen und ein zweites Mal mir diese Eingebung wiederholen, wenn sie wirklich von ihm – und nicht aus anderen Quellen – war. Dieses »Zurückgeben an Gott« ist eine wichtige Hilfe bei der Unterscheidung der Geister.

Gott ist ein wirkender Gott

Gott ist der Schöpfer des Weltalls, der Erde und des Menschen. Gott ist auch heute noch in seiner Schöpfung am Werk. Es ist sein

Wille, daß wir Menschen an seiner Schöpfung mitwirken. Daß wir alle unsere Fähigkeiten gebrauchen und sie einsetzen in der Welt.

Gott will nie unsere Kräfte lähmen, wie der Verwirrer es oft versucht, indem er uns zu einer falschen Demut, zu einem von Gott nicht gewollten Erleiden oder zu einer von Gott nicht gewollten falschen Ruhe hinführen will.

Gott will, daß wir alle Fähigkeiten gebrauchen, die er uns geschenkt hat. Gott schenkt uns nichts, was er dann wieder blockieren würde: Gott steht zu seinen Gaben.

Eine Eingebung, die mich innerlich lähmt, kann daher kaum von Gott kommen!

(Selbstverständlich ist andererseits *noch lange nicht* alles von Gott, was mich antreibt! Hier sei nochmals darauf hingewiesen, daß im positiven Fall bei der Unterscheidung der Geister *immer mehrere Aussagen zusammen* erscheinen müssen, wenn ich die Gewißheit haben will, daß eine Eingebung von Gott stammt.)

Gott ist ein unendlicher Gott

Gottes Existenz ist ohne Anfang und ohne Ende. Vom Leben in der Ewigkeit Gottes wissen wir, daß es dort keinen Zeitbegriff gibt. Auf unsere menschlichen Verhältnisse übertragen können wir sagen, daß Gott Zeit hat, viel Zeit.

Gott gebraucht ja auch die Zeit – im Sinne von Zeit lassen – wenn er in uns etwas Neues heranwachsen und reifen lassen will. Gott bereitet uns erst vor.

Aus seiner Schöpfung wissen wir, daß es kein natürliches Wachstum ohne zeitliches Reifenlassen gibt. Wie langsam – und von keinem Menschen erkennbar – wächst zum Beispiel der Samen in der Erde.

So können wir auch annehmen und darauf vertrauen, daß Gottes Führung nicht ultimativ erfolgt.

Gott läßt auch uns Zeit. Er schenkt uns öfter ein kleines Zeichen, ein froh machendes Erlebnis, einen positiven Hinweis, wenn wir uns auf seinem Weg befinden. Aber er läßt uns immer Zeit bei unserer eigenen Entwicklung.

Radikale, ultimative Forderungen, wie zum Beispiel: »Du *mußt jetzt sofort*« werden kaum von Gott sein.

Gott spricht zärtlich zu den Menschen. Auch wenn er einmal zu einer sofortigen Entscheidung aufruft, wie es Jesus mehrmals im Evangelium getan hat: »Sündige nicht mehr« (Joh 5,14) oder »Geh und sündige von jetzt an nicht mehr!« (Joh 8,11) ist eine andere Sprache als »Du mußt jetzt sofort«.

Der Geist Gottes gibt seine Anregungen in einer liebevollen, verständlichen, oft begründeten Aussage, wie es auch Jesus tat:
»Jetzt bist du gesund.« (Joh 5,14)
»Auch ich verurteile dich nicht.« (Joh 8,11)
Spüren Sie die Zärtlichkeit in den Worten von Jesus?

Je nach unserem Charakter kann Gott uns auch einmal energischer oder deutlicher ansprechen. Nie aber wird sein Reden zu uns lieblos oder uns überfordernd sein.

Gott überfordert uns nicht. Gott hat viel Geduld mit uns Menschen.

Gott ist ein gerechter Gott

Der Geist führt uns zärtlich und voller Liebe. Das heißt aber nicht, daß er unsere Sünden übersieht, daß er unsere Fehler für alle Zeiten duldet.

Im Gegenteil. *Der Geist Gottes macht uns hellhöriger für die Sünde.* Er zeigt uns unsere Schwächen und unsere Fehler.

Der Geist des Verwirrers dagegen will diese *abschwächen, verharmlosen, bagatellisieren.*

Wie kann ich nun erkennen, daß Gottes Geist mich auf meine Sünden aufmerksam machen oder der Verwirrer mich zu falschem religiösen Eifer anstacheln will?

Einmal, wie schon oben gesagt: Gottes Geist zeigt es zärtlich, zurückhaltend, fast wie bittend.

Der Verwirrer tritt fordernd auf. Ultimativ: »Du mußt jetzt . . .«
– das ist die Sprache des Verwirrers.
»Aus Liebe zu mir solltest du dir doch einmal abgewöhnen . . .«
– das ist die Sprache des Geistes Gottes!
»*Aus Liebe zu Jesus*« ist ein sehr gutes und wichtiges Kennzeichen
der Sprache des Heiligen Geistes!

Gott ist kein Gott der Furcht und der Angst

Menschen, die von Gott nichts wissen wollen, die abseits eines
religiösen Glaubens leben, braucht der Verwirrer nicht besonders
zu umgarnen. Von was soll er sie noch abhalten?
Dagegen interessiert er sich für religiöse Menschen, die auf dem
Weg sind, deren Glauben aber noch wenig gefestigt ist. Hier setzt
er am liebsten an.
Weil er mit gottlosen Verführungen nicht zu einem Erfolg käme,
versucht er es mit dem genauen Gegenteil: Er versucht den
religiösen Eifer anzutreiben und dadurch den Menschen in Angst
und Unordnung geraten zu lassen.
Schon Paulus hat das erfahren. An die Korinther schreibt er:
»Auch der Satan tarnt sich als Engel des Lichts . . . Auch seine
Handlanger tarnen sich als Diener der Gerechtigkeit.« (2 Kor
11,14f)

Dieses Auftreten des Verwirrers sieht in der Praxis dann etwa so
aus:
»Du betest viel zu wenig.« (Obwohl der Betreffende den ganzen
Tag über Gott in sich trägt.)
»Du mußt erst wieder beichten gehen.« (Obwohl die letzte Beich-
te erst vor 10 Tagen war.)
»Laufe nicht an der Kirche vorbei.« (Obwohl im Moment ein
wichtiger Termin drängt.)

Gott ist kein Leistungs-Gott. Paulus hat uns das mehrfach gesagt.
(Gal 2,16; 6,8; Röm 3,27; 9,30.32)
Gott drängt uns auch im religiösen Bereich nie zu falschen Hoch-
leistungen. (Manche fromme Christen werden vermutlich einmal

mehr nach ihren gedankenlosen, manchmal sogar lieblosen Reden von Gott beurteilt werden als nach der Zahl ihrer Gebete und Andachten . . .)

Gott ist kein Dompteur, der mit seiner Peitsche Angst und Achtung erzeugen will. Kein Kampfrichter mit Stopp-Uhr und Leistungsblatt in der Hand.
Alle Eingebungen, die in uns Druck oder gar Angst und Furcht erzeugen, sind nicht von Gott gewollt!

Natürlich kann und wird mir der Geist Hinweise geben, daß ich mein religiöses Leben vertiefen, meine Gebete verinnerlichen, meine Kontakte zu Gott verstärken soll.
Dies wird aber *nie mit Leistungsdruck* verbunden sein, sondern *immer mit einer liebevollen Zärtlichkeit.*
Dies wird nie zu falschem Eifer und von da aus zu ängstlichem Handeln führen. *Gott gebraucht keine Angst und keine Furcht. Wenn Gott am Werk ist, handelt er immer nur aus Liebe.*
Es ist ein Kennzeichen des Teufels, wenn in uns Ängste oder Furcht entstehen.

Gott ist kein Eiferer

Viele Unklarheiten über Eingebungen, die wir empfangen, kommen daher, daß unsere Kenntnisse von Gott auf falschen Voraussetzungen beruhen.
Was haben wir Menschen manchmal noch für ein Gottesbild!
Einmal glauben wir, daß Gott ein gemütlicher, alter Mann sei.
Ein anderes Mal stellen wir uns Gott vor wie einen Zirkusdirektor mit der Peitsche in der Hand, der uns zu immer neuen Höchstleistungen antreibt.
Oder wir sehen Gott als Richter, der genau aufpaßt, daß wir auch alle Vorschriften, die gesetzlichen ebenso wie die liturgischen, peinlich genau beachten und einhalten. Wehe, wenn wir einen Fehler machen . . .

Das war das Mißverständnis mancher Juden zur Zeit des Alten

Testamentes. Das war und ist aber nicht der wirkliche und wahre Gott.

Überlegen Sie doch einmal: Seit 15 Milliarden Jahren gibt es das Weltall. Eine Zeitspanne, die wir mit unserem Gehirn nie erfassen können. Alles, was wir einigermaßen überblicken können, liegt einige tausend Jahre zurück.

Was aber ist eine Million Jahre?

Eine Milliarde?

15 Milliarden von Jahren?

Nun, Gott gibt es »noch länger«. Gott ist ohne jeden Anfang und ohne jedes Ende.

Den Vergleich mit den 15 Milliarden Jahren Weltall gebrauche ich nur, daß wir ein wenig erahnen können von dem, was es heißt: Gott ist unendlich.

Dieser unendliche Gott soll nun ausgerechnet nichts anderes zu tun haben, als uns wie Zirkuspuppen tanzen zu lassen? Er soll auf unsere kümmerlichen Anstrengungen angewiesen sein?

Paulus hat es immer wieder geschrieben: Es kommt nicht auf unsere Leistungen, sondern nur auf unser Vertrauen an. (Gal 2,16; 6,8; Röm 3,27; 9,30.32)

Unser Gott ist ein Gott der Liebe und kein Gott der Strafe; kein Gott der Höchstleistungen; kein Gott des strengen Protokolls; kein Gott, der nur fordert; keiner, der sich über uns ereifert. »Ereifern« können wir Menschen uns. Gott ist ein zärtlicher und liebevoller Gott. Gott führt uns ganz behutsam, voller Rücksicht auf unsere menschlichen Schwächen. Er kennt uns ja selbst am besten: er hat uns ja geschaffen. Er weiß ja wohl, warum wir schwach und voller Fehler sind.

Das heißt in unserem Fall der Unterscheidung der Geister: Gott wird uns nie durch übertriebene Forderungen führen. Gott wird uns nie zum Übereifer verleiten wollen, *weil Übereifer zur Unordnung führt und zum vorzeitigen Verbrauch unserer Kräfte.*

Gott hat Geduld mit uns Menschen

»Fordernd« und ungeduldig tritt immer nur der große Verwirrer auf, der uns in Unruhe stürzen will. Der uns zu Eiferern machen will, weil wir dadurch am leichtesten – und *im besten Glauben, etwas besonders Gutes zu tun – gegen die Liebe verstoßen.* Gott ist kein eifernder Gott.

Gott ist so unermeßlich, daß alles, was wir menschlich als Leistung zählen, vor Gott nicht bestehen kann. Weil wir aber durch keine auch noch so große Leistung vor Gott bestehen können, können wir erst recht nicht mit irgendwelchen Alltags-Leistungen Gott beeindrucken.

Gott will nur, daß wir ihn als den Herrn unseres Lebens anerkennen. Daß er unser Leben führen kann. Daß wir nach seinem Willen leben.

Alles andere dürfen wir getrost und voll Vertrauen ihm überlassen. Er liebt uns, und er will, daß wir ihn wieder lieben, indem wir seine Liebe in die Welt hineintragen.

Das aber erreicht Gott mit uns durch eine wunderbare zärtliche Führung. Dazu braucht er keine überstiegenen Forderungen.

Es ist daher sehr wichtig für die Unterscheidung der Geister: *Gott führt in einer menschlich kaum gekannten Zärtlichkeit.*

Gott ist ein Gott der Drei-Einigkeit

Das heißt: der Geist Gottes bildet eine Einheit mit dem Vater. Eine Einheit mit dem Sohn. Er wird und kann daher nie etwas anregen wollen, was gegen den Willen des Vaters oder gegen das Beispiel Jesu verstoßen würde. Der Geist Gottes kann nie vom Vater weg, nie von Jesus weg führen.

Der Wille des Vaters und das Leben Jesu werden zu einem neuen, unübersehbaren Maß-Stab in meinem Leben. Ich selbst trete immer mehr zurück.

»Wie würde Jesus jetzt an meiner Stelle handeln?« Wenn die

Antwort auf diese Frage nicht übereinstimmt mit der mir gegebenen Intuition, dann sollte ich diese vergessen. *Der Geist führt nie zu einem Handeln, das im Gegensatz zum Willen Jesu stehen würde.* Der Geist Gottes kann nur zu Jesus hin, nie von Jesus weg führen. Zu den wichtigsten Kriterien zähle ich daher: *Führt mich eine Geist-Anregung näher zum Vater und näher zu Jesus hin oder vom Vater und von Jesus weg?*

Gott ist ein heiliger Gott

Gott hat nichts, aber auch radikal nichts mit Sünden gemeinsam. Das heißt für mich: ich erfahre keine Geistführung, wenn ich bewußt in Sünden lebe, bewußt in Sünden verharre.
Hier muß ich zunächst Ordnung schaffen. Alles andere ist im Moment unwichtig. Wenn ich in Sünde gefallen bin, das heißt, wenn ich mich von Gott abge-sondert (= Sünde!) habe, muß ich zuerst wieder meine Verbindung zu Gott neu herstellen.

Mich mit Gott versöhnen. Jesus um Vergebung bitten. Zu ihm umkehren.
Überall kann ich das. Zu jedem Zeitpunkt.

Zu dieser Versöhnung mit Gott gehört unsere unbedingte Versöhnung mit den Menschen. Gott nimmt unsere Bitte um Vergebung nicht an, wenn wir nicht ebenso unseren Brüdern und Schwestern, unserem Ehepartner, unseren Eltern und Kindern vergeben, mit denen wir in Unfrieden leben. (Mt 6,14f)

Gott ist ein Gott des Friedens!
Er will nur Frieden stiften.
Er will, daß auch wir Frieden halten.

Sie können es wieder ausprobieren: Wo Sie in Unfrieden leben, da erfahren Sie kaum eine Geistführung. Gottes Geist dagegen macht Sie bereit, daß Sie um Vergebung bitten, daß Sie Versöhnung herbeiführen können.

Eines der wichtigsten Kriterien neben der »Liebe« und der »inneren Ruhe«: *Führt eine Intuition zur Versöhnung oder zu Streit, zu Liebe oder zu Haß, zu Vergebung oder Verfolgung?*
Gott läßt nicht mit sich spotten und nicht mit sich handeln: Er will, daß wir als versöhnte Menschen leben. Daß wir Vergebung üben. Daß wir seine Liebe in die Welt hineintragen.
Dafür hat er seinen Sohn hingegeben. Dafür hat er seinen eigenen Sohn ans Kreuz schlagen lassen.
Welcher Mensch würde so etwas für einen anderen Menschen tun? Das eigene Kind für einen anderen ans Kreuz schlagen lassen . . .

Gott duldet keine Kompromisse, wenn es um Streit oder Versöhnung geht. *Das* erwartet er von uns: daß wir vergeben können. *Daß wir immer mehr zu Frieden und Versöhnung hinfinden.*
Dafür wird er uns überreich mit der Kraft seines Heiligen Geistes beschenken.

Die oft falsch verstandene »heilige Unruhe«

Jesus hat uns gezeigt, daß Gott ein liebender Vater ist. Ein Vater, der uns immer nur helfen, stärken, führen und befreien möchte. Dafür hat Gott sogar seinen eigenen Sohn hingegeben, damit wir Wegweisung, Erlösung und Befreiung erfahren.
Gott ist nicht auf uns angewiesen. Er braucht nicht unsere Hilfe. Schon gar nicht ein überstürztes, ungeordnetes Eingreifen. Gott bereitet sein Wirken in uns Menschen lange vorher vor, bevor wir überhaupt eine Ahnung davon haben.
Wenn Gott uns im Moment einmal wirklich in eine innere Unruhe versetzen sollte – weil wir vielleicht keine Antenne mehr für ihn haben oder als Phlegmatiker anders reagieren wie ein Choleriker – dann nicht, damit wir in »heilige Unruhe« ausbrechen und unsere Umwelt lieblos tyrannisieren, sondern um uns aufmerksam zu machen und uns anzustoßen.

Wenn ein innerer Anstoß von Gott durch eine Unruhe in uns veranlaßt werden sollte, dann wird diese von Gott gegebene Unruhe keine Unordnung und keine Angst in uns verursachen. Sie wird zu einer großen Kraftquelle führen und eine positive Dynamik in uns erzeugen, die von einem tiefen inneren Frieden getragen sein wird.

Wenn wir je einmal glauben sollten, daß eine Unruhe uns von Gott eingegeben wurde, müssen wir besonders aufmerksam prüfen, wie die Auswirkungen dieser Unruhe auf uns selbst und auf unsere Umwelt sind.
Finde ich durch diese Unruhe eine neue geordnete und beherrschte Kraft für mein Leben, oder ist es eine Unruhe, die auf mich oder meine Umwelt sich zerstörerisch auswirkt?
Wird diese Unruhe getragen von einem aktiven Drängen, das zu mehr Harmonie in meinem Leben führt, die mich ruhiger und sicherer werden läßt?
Oder führt diese durch die Unruhe erzeugte Aktivität zu nervösem, unüberlegtem Handeln, oder gar zu Lieblosigkeit? Wird durch die in mir entstandene Unruhe die Liebe gefördert oder mißachtet?
»Hätte ich aber die Liebe nicht, so nützte es mir nichts!« (1 Kor 13,3)

Die Hauptquellen fast aller Unruhen liegen bei uns selbst! Wir wollen für das Reich Gottes kämpfen, wir wollen etwas besonderes für unsere Kirche leisten.
Oder die Unruhe geht von den Geistern der Verwirrung aus, deren Bestreben es ist, uns nicht zur Ruhe kommen zu lassen und damit nicht zum Frieden mit uns selbst, nicht zum Frieden mit unserer Umwelt und nicht zum Frieden mit Gott.
Das, was bei großen Menschen in der Geschichte auf uns heute so wirkt wie eine plötzliche, radikale Änderung, hat Gott im Menschen meistens nicht durch eine plötzliche Unruhe, sondern lange vorher voller Geduld vorbereitet.

Täuschen wir uns nicht. Gott wird in den seltensten Fällen eine Unruhe benutzen, weil sie nur zu oft bei uns zur Lieblosigkeit führen kann.

Er hat andere Wege und Möglichkeiten. Er, der der Gott der Liebe ist, der die Liebe selbst ist, wird kaum ein Mittel ergreifen, das wie die Unruhe geeignet ist, Unfrieden und Unsicherheit zu erzeugen. Gott gibt klare, unmißverständliche Anweisungen, *die allein von der Liebe getragen sind.*

Zwei Beispiele

Am leichtesten können wir auseinanderhalten und erkennen, ob unsere inneren Eingebungen von Gott oder von Geistern der Verwirrung stammen, wenn wir uns *die Auswirkungen* unseres Handelns rechtzeitig vor Augen stellen und diese Auswirkungen mit den Eigenschaften und dem Willen Gottes vergleichen. Dafür zwei Beispiele:

Am Ende von sehr tiefgehenden Exerzitien, die vor allem dem »Handeln aus Liebe zu Jesus« gewidmet waren, fängt eine Teilnehmerin mit ihrer Tischnachbarin beim letzten Frühstück einen furchtbaren Streit an. Sie ist der festen und sicheren Überzeugung, – das bestätigt sie in überzeugter Form während des Gesprächs –, daß sie jene Dame für ihr »Fehl-Verhalten während der Exerzitien-Tage« zurechtweisen müsse.

Diese Frau war also der festen Überzeugung, daß sie »aufgerufen sei zu handeln«. Ja, sie war der Meinung, daß dies ein »Handeln aus Liebe«, aus schwesterlicher, christlicher Liebe sei. Sie glaubte, daß dieses Handeln die andere Dame näher zu Jesus hinführen würde, denn nur deswegen wollte sie jene ja so »überzeugend« maßregeln.

Hier sind mehrere positive Aussagen – falsch ausgelegt – zusammengekommen. Und doch war das Handeln dieser Frau weder christlich noch vom Geist Gottes gewollt. Beim weiteren Prüfen und Hinterfragen nämlich hätte sie erfahren können, daß ihr so

»überzeugtes Eintreten für Jesus« am Ende der Exerzitien ihre Gesprächspartnerin in völlige Ratlosigkeit und Verzweiflung, in eine tiefe innere Unruhe stürzen würde. Das aber will Gott nicht!
Es konnte nie und nimmer Gottes Wille sein, daß am Ende von vier Tagen der Stille und der Vereinigung mit Jesus eine Teilnehmerin, die in jeder Art und Weise guten Willens war, in innere Unruhe und Verzweiflung gestürzt würde. Jesus entläßt niemals einen Menschen in Unfrieden.

Dieses Beispiel erscheint mir besonders wichtig: Gerade mit manchem vermeintlichen Eifer für Christus, mit manchem vermeintlichen Einsatz für den Glauben, können wir oft die größten Lieblosigkeiten begehen und die schlimmste Unordnung erzeugen!
Wie oft sind wir im besten Glauben, daß wir jetzt einmal »unsere Meinung sagen«, »zurechtweisen« oder »den Glauben verteidigen« sollten.
Wenn es im Übereifer, aus Lieblosigkeit oder vorschnell erfolgt, ohne daß wir darum vorher zu Gott um Weisung und Hilfe gebetet haben, kann daraus nie etwas Gutes entstehen.

Gerade bei allen Arten der Zurechtweisung sollten wir *zuerst Gott im Gebet fragen,* ob er diese Zurechtweisung, ob er diesen Einsatz für den Glauben von uns auch wirklich will.
Hier ist leicht Überheblichkeit und Besserwisserei im Spiel! Der große, allmächtige Gott braucht ausgerechnet von mir Hilfe, von einem so sündhaften, schwachen Menschen?
Wenn wir nach unserem inneren Befragen immer noch glauben, daß wir »einschreiten« müßten, dann sollten wir den Heiligen Geist um seinen Beistand bitten, daß *er* die Form unseres Handelns, die Wahl unserer Worte bestimmt und nicht wir . . .

Wieviel wird aus Übereifer oft zerstört!

Wie oft wird aus Übereifer gegen die Liebe verstoßen!

Auf dem Jahrestreffen eines christlichen Verbandes, zu dem die Vertreter aus ganz Deutschland zusammengekommen waren, entstand ein Streit, weil ein sehr frommer Priester die Eingebung in sich verspürte, daß er für eine besondere »Klarheit« in einer Teilfrage sorgen sollte.

Von dem einen, der für mehr »Klarheit« war, fühlte sich ein anderer auf den Plan gerufen, der für »mehr Vertrauen« und »gegen Intoleranz« kämpfen wollte. So lag man sich in den Haaren und durch Übereifer auf beiden Seiten wurde das wirkliche Tagungsthema vollkommen verdrängt. Durch das immer neue Pochen auf »Klarheit« in einem Detailpunkt hielt die Verwirrung bis zum Ende der Tagung an. Anstatt mit neuer Kraft und neuer Weisung, fuhren 50 Männer und Frauen in großer Ratlosigkeit in ihre Heimat zurück.

Beide Beispiele zeigen sehr deutlich, wie gut wir daran tun, unklare – oder auch vermeintlich sichere – Eingebungen zunächst einmal zurückzustellen und nicht sofort und übereifrig zu handeln.

Gott braucht kein überstürztes Handeln von uns. Wir können getrost unverständliche oder nicht überschaubare Anregungen an Gott zurückgeben.

Vor allem die Betrachtung im Gebet vor Gott, *welche Auswirkungen* denn aus dem einen oder anderen Handeln entstehen können und *ob diese Auswirkungen in Übereinstimmung mit Gottes Willen stehen,* gibt uns oft die beste Klarheit, ob wir einer Anregung folgen oder nicht folgen sollen.

Übersicht zur Unterscheidung der Geister

Lassen Sie mich hier die wichtigsten Kriterien zur Unterscheidung der Geister zusammenfassen. Mit den »Geistern der Verwirrung« meine ich alle jene Geister, die uns in Unordnung und Verwirrung stürzen wollen. Es ist an dieser Stelle unwichtig, ob es sich hier um menschliche, natürliche oder übernatürliche Geister handelt. Unzweifelbar steht fest – und jeder kann sie erfahren –, daß diese Geister der Verwirrung am Werk sind.

Der Geist Gottes

- *verstößt nie gegen die Liebe,*
- führt hin zur Liebe,
- macht uns bereit zu uneigenütziger Liebe,

- *schenkt innere Ruhe, Kraft und Sicherheit,*
- erscheint nie forsch, fordernd oder ungeduldig,
- setzt uns nicht unter Druck,
- gebraucht nie Angst, Furcht oder Drohung,
- strahlt Kraft, Ruhe und Sicherheit aus,

- *führt einen geraden, einsichtigen Weg,*
- gibt klare Anweisungen, entscheidet nie sprunghaft,
- gibt wichtige Anweisungen auch ein zweites Mal, wenn ich ihn darum bitte,
- führt uns wie Kinder, die Hilfe brauchen,
- läßt uns in Freiheit echte Kinder Gottes sein,

- *handelt nie gegen die göttlichen oder gegen die Naturgesetze,*

- *läßt reifen und wachsen,*
- läßt uns Zeit,
- bittet, regt an, führt zum gefestigten Nachdenken.

Die Geister der Verwirrung

– führen zu Haß, Neid, Eifersucht und Streit,
– fördern Rechthaberei und Besserwisserei,
– verstoßen gegen die christliche Liebe,

– schaffen ein schlechtes, beunruhigtes Gewissen,
– treten bewußt und fordernd auf,
– erwecken falschen Leistungsdruck,
– drohen Strafen oder Versäumnisse an,
– stellen Forderungen, die Unruhe, Unsicherheit oder Mutlosigkeit erzeugen,

– wählen oft verworrene Zick-Zack-Wege,
– drücken sich gerne verwaschen und unklar aus,
– ändern sehr oft ihre Meinung,

– wollen Übereifer und damit Überforderung erzeugen,

– geben oft widersinnige, unnatürliche Anweisungen,

– bedrängen, stellen ultimative Forderungen,
– weisen auf »schlimme Versäumnisse« hin,

Der Geist Gottes

– *gibt uns Anstöße zum Tätig-werden,*
– weckt uns auf, wenn wir trödeln oder bummeln wollen,
– läßt uns mitwirken an seiner Schöpfung,

– *macht uns hellhörig für jede Sünde,*
– zeigt uns unsere Fehler und Schwächen so, daß wir uns gerne ändern wollen,
– schenkt uns neuen Mut und neue Hoffnung,
– gibt uns befreiende Anweisungen,
– weist uns zärtlich und liebevoll auf Ungerechtigkeiten, Inkorrektheiten, Unwahrhaftigkeiten und Lieblosigkeiten hin,

– *führt nur zu Jesus hin, nie von ihm weg,*
– erweckt echte Demut, das heißt: Mut zum Dienen an den Menschen, Mut zum Dienst für Jesus,
– will keine außergewöhnlichen Leistungen, sondern vor allem Frieden, Liebe und Vertrauen,
– führt zum Handeln »aus Liebe zu Jesus«,

– *führt zu Vergebung und Versöhnung,*
– zeigt Wege zur Befreiung aus Sünde und Schuld,
– führt zur Versöhnung mit Gott in der Beichte,

– macht feinfühliger für die Sorgen der anderen,

– *führt zum Wesentlichen,*

Die Geister der Verwirrung

- lähmen unser Handeln, führen zur Passivität,
- verharmlosen wichtige Aufgaben,
- halten uns ab von notwendiger Mitarbeit,

- machen uns rechthaberisch, lieblos, verbittert,
- stellen unsere Fehler und Schwächen in ein so trübes Licht, daß wir hoffnungslos und passiv werden,
- lassen uns unnütz und hilflos erscheinen,
- erzeugen Angst und Furcht,
- bewirken Hilflosigkeit, Ratlosigkeit und Verzweiflung,

- führen von Jesus weg, auch wenn sie außergewöhnliche Bußleistungen, besondere Gebete oder andere Sonderleistungen fordern,
- wollen uns durcheinander bringen durch unsinnige Forderungen,
- verursachen Unruhe und Unfrieden in uns,

- weisen uns auf »unsere Rechte« hin,
- führen zu Trotzköpfigkeit und Starrsinn,
- zeigen uns, daß »auch wir« ein Mensch sind, der einmal einen Anspruch stellen kann,
- stellen unsere Fehler und Sünden als schlimme Vergehen hin, die nie mehr gutzumachen sind,

- beharren auf unwesentlichen, unwichtigen Dingen.

Diese Übersicht stellt keinen Anspruch auf Vollständigkeit, wie jede Aussage über Gott und Gottes Geist unvollständig bleiben muß. Für die Handhabung im Alltag will diese Übersicht praktische, leicht nachvollziehbare Hilfen geben, mit denen wir rascher die Eingebungen von Gottes Geist gegenüber den vielen Einflüsterungen der Geister der Verwirrung auseinanderhalten können.

DIE KENNZEICHEN

Der Orientierungspunkt

Der vom Geist Gottes geführte und geprägte Christ hat einen festen Orientierungspunkt in seinem Leben: Es ist der Herr. Jesus hat den Willen seines Vaters so getreu während seines Erdenlebens gesucht und gelebt, daß er auch für uns Menschen des 20. Jahrhunderts *der* Orientierungspunkt unseres Lebens ist.
Von ihm können wir lernen. Von ihm Trost und Weisung erfahren.
Warum sind wir so oft unzufrieden, traurig oder niedergeschlagen? Weil wir ständig nur auf uns schauen. Auf unsere Sorgen; auf unseren Ärger. Auf unsere Leiden, die oft nur »Wehwehchen« sind.
Wir sollten lernen, unser Leben mehr auf Christus auszurichten und von seinem Geist führen zu lassen: dann wird unser Leben froher, heller, von Kraft und Licht erfüllt.

»Eine Kraft strömte von ihm aus.« (Mk 5,30)

Auch heute noch stellt uns Jesus seine Kraft durch den Heiligen Geist zur Verfügung. Wir müssen nur öfters davon Gebrauch machen. Öfters ihn fragen: Herr, was willst du, daß ich jetzt tue? Herr, wie würdest du jetzt an meiner Stelle handeln?

Von Jesus können wir es lernen: *Ein vom Geist geprägter Mensch fragt in allem zunächst nach dem Willen des Vaters!*
Wie oft ging der Herr in die Stille, um mit dem Vater zu sprechen: bei Tagesanbruch (Lk 4,42); während des Tages (Lk 9,16); noch spät am Abend (Mt 14,23) oder auch, wenn die Menschen ihn bedrängten und von überall herbeiströmten (Lk 5,16).
Immer wieder zog sich Jesus in die Einsamkeit zurück, um auf den Vater zu hören. Denn nur der Vater und nur der Wille des Vaters waren der Orientierungspunkt im Leben Jesu: »Der Vater, der in mir ist, vollbringt durch mich seine Taten. Glaubt mir: der Vater und ich sind eins.« (Joh 14,10 f GN)
»Mit meinem Vater bin ich untrennbar eins.« (Joh 14,20 GN)

140

Orientierungshilfen

Neben diesem zentralen Orientierungspunkt bieten sich dem Christen, der sich vom Geist Gottes leiten lassen will, eine Reihe wichtiger Orientierungshilfen an, an denen er ermessen kann, ob er auf seinem Weg sich vom Geist Gottes führen läßt. Ob die Richtung seines Lebens stimmt oder neu korrigiert werden muß.

Das heißt aber auch: Der Christ kann sich der Führung durch den Heiligen Geist anvertrauen. *Ich traue Gott alles zu!*

Gott, der dieses Weltall nicht nur geschaffen hat, der es seit 15 Milliarden Jahren in Händen trägt – diese Milliarden und Abermilliarden von Sonnen –, diesem Gott traue ich zu, daß er auch in mir leben, daß er auch mir zur Seite stehen kann.

Glauben heißt ja nicht einfach, daß es Gott gibt. Glauben heißt: ich stelle mich der Wirklichkeit Gottes. Ich glaube, daß Gott auch in meinem Leben wirksam werden kann.

Glauben an Gott heißt *glauben an die Macht Gottes.* Glauben, daß Gott lebt und auch heute noch mit Vollmacht am Werk ist.

In diesem Vertrauen an das Wirken Gottes in meinem Leben kann ich

in einer großen Gelassenheit

meine Aufgaben erfüllen. In einer Gelassenheit die weiß, daß ich dem Geist Gottes alles anvertrauen kann.

Ich brauche nicht kleingläubig und voll schlechten Gewissens zu sein, wenn ich mich vom Geist Gottes führen lasse.

Ich muß nicht aufgeregt handeln und nervös reagieren:

Was kann mir denn noch passieren, wenn ich alles dem Geist anvertraue? Wie will ich denn mit meiner Schwachheit und mit meinen Fehlern etwas besser können als Gottes Geist?

Gott läßt mich zwar manchmal lange warten. Aber er verläßt mich nie. Er enttäuscht mich nie.

In dieser Gelassenheit kann der Christ auch Rückschläge und Ungewißheiten durchstehen und

Gott für alles danken und preisen.
Der vom Geist geführte Christ weiß, daß er alle seine Gaben und Geschenke letztlich Gott, seinem Schöpfer, verdankt. Für ihn ist nichts selbstverständlich, wie es für ihn auch keinen Zufall gibt. Ja, er dankt Gott auch für Mißgeschick und Leid, das ihm im Leben zustößt.

Denn er weiß, daß Gott auch Leiden und Unglück zu seinem Besten wenden kann, wenn er nur in der Liebe zu Gott treu bleibt: »Bei denen, die Gott lieben, führt *alles* zum Guten.« (Röm 8,28) In dieser Gewißheit, daß ihm *alles* zum Guten gereichen wird, kann der Christ sein ganzes Leben auf Gott bauen.

Auch meine Zeit
kann ich Gott überlassen. Beim Begriff »Zeit« berücksichtigen viele Menschen nicht, daß neben der »quantitativen« Zeit – von null bis 24 Uhr, die ich um keine Sekunde verlängern kann – vor allem die »qualitative« Zeit maßgebend ist.

Wir leben doch alle unter wesentlichen Störfaktoren. Wetterwechsel, Arbeitsbelastungen, Ärger, Gesundheit . . . Alles beeinflußt unser Wohlbefinden, unser Arbeitsvermögen, die uns zur Verfügung stehende »qualitative« Zeit: die Zeit, in der wir besonders gute Leistungen erbringen, besonders leicht schwere Entscheidungen fällen können.

»Oft läßt er mir mühelos irgendetwas gelingen und es überrascht mich selbst, wie zuversichtlich ich sein kann. Ich merke: Wenn man sich diesem Herrn anvertraut, bleibt das Herz ruhig.« (Freie Übersetzung des Psalm 23)

Das heißt also, wenn ich meine ganze Zeit dem Herrn übergebe und sage: »Du sollst der Herr meiner Zeit sein«, daß ich dann viel ruhiger bleiben kann. Ich weiß, auch wenn ich jetzt gestört werde und Zeit verliere, daß Gott diese Zeit mir ein anderes Mal wieder schenken kann.

Wenn zum Beispiel ein Besucher unangemeldet läutet oder ein Telefonanrufer mitten in der Arbeit stört: weiß ich denn, ob dieser

nicht vom Geist geschickt ist? Ob dieser mir vielleicht eine wichtige Botschaft bringen soll?
Oder ob ich gerade jetzt für diesen Besucher, für diesen Anrufer, da sein soll? Ob nicht jener gerade jetzt mich braucht, gerade jetzt in einer besonderen Not ist?

Wenn ich einen plötzlich störenden Besucher oder Anrufer *im Namen Jesu* besonders freundlich aufnehme, mich besonders aufmerksam ihm widme und dabei gleichzeitig den Geist Gottes bitte, er möchte mir die jetzt unterbrochene Zeit anderweitig wieder schenken, kann ich sehr oft erfahren, wie mir der Geist zur Seite steht.
Manche Arbeit erledigt sich plötzlich leichter. Rascher. Es wird mir eine Hilfe oder eine positive Entscheidung zuteil, mit der ich nicht gerechnet habe . . .

Wenn ich mich dem Heiligen Geist anvertraue, dann ist es ihm auch ein Leichtes, mir die Zeit wieder zu ersetzen, die ich *um der Liebe Jesu willen* für andere Menschen hingebe.
Ob ich Zeit oder keine Zeit für meine Mitmenschen habe, kann ein wichtiges Orientierungszeichen für mich sein, wie weit ich es bisher fertig gebracht habe, mein Leben der Kraft des Heiligen Geistes zu unterstellen.

Ohne Hetze, aber auch ohne Trödeln und ohne Bummeln.
Dieser Grundsatz ist mir in den letzten Jahren zu einer wichtigen Orientierungshilfe im Leben geworden. Weil ich weiß, daß meine Zeit mir von Gott anvertraut ist – und vom Heiligen Geist geleitet und beeinflußt werden kann –, versuche ich immer mehr, mein Leben im Geist ohne Hetze, aber auch ohne Bummelei zu führen.

Ohne Hetze: Jede Eile ist vom Verwirrer, der Unruhe in unser Leben bringen will. Gott kennt nur ein geordnetes, in Ruhe und Stille heranreifendes Wachsen. Wenn ich also trotz bester Planung, Übersicht und der Konzentration auf das Wesentliche einmal mit der Zeit nicht zurechtkomme, so ist das noch lange kein Grund zur Hetze. Auch eine Verspätung kann ich dem Geist

Gottes hingeben und ihn bitten, daß er daraus wieder etwas Gutes machen möge.

Ohne Trödeln und ohne Bummeln: Diesen Grundsatz sollten sich alle die gut einprägen, die Gott am liebsten einen guten Mann sein lassen oder auch jene, die alles dem Heiligen Geist hinschieben, selbst aber nicht ihren eigenen Beitrag leisten wollen.

Ohne Trödeln und ohne Bummeln heißt: ich gehe verantwortungsbewußt mit der Zeit um, die mir Gott zur Verfügung gestellt hat. Ich vergeude nicht das Lehen der Zeit, das er mir anvertraut hat. Er hat mir aufgetragen, aktiv mitzuwirken an seiner Schöpfung.

Ohne Trödeln und ohne Bummeln heißt auch: ich gehe verantwortungsbewußt mit der Zeit meiner Nächsten um. Ohne ein Pünktlichkeitsfanatiker sein zu müssen, lasse ich andere nicht unnötig warten. Auch mit der Zeit meiner Mitmenschen kann ich nicht leichtfertig umgehen.

»Ihr seid das Salz der Erde«

ruft uns Jesus zu. (Mt 5,13) Und im Gleichnis vom Weinstock sagt uns der Herr, wie auch im Gleichnis von den Talenten (Mt 25,14–30), was er von uns erwartet: »Ich habe euch dazu bestimmt, daß ihr . . . Frucht bringt.« (Joh 15,16)

Jesus sagt nicht nur, ihr sollt Frucht bringen, sondern: »ich habe euch dazu bestimmt«. Ich habe euch den Auftrag gegeben.

Die alten Römer hatten ein Sprichwort: carpe diem. Schöpfe den Tag aus.

Das ist auch uns Christen aufgegeben. Nicht in den Tag hinein zu trödeln, sondern den Tag auszunutzen, das Salz der Erde zu sein, unsere Talente zu entfalten.

Gott hat uns unsere Talente ja nicht dazu geschenkt, daß wir sie vergraben! Gott erwartet, daß wir mehr aus unseren Talenten machen. Er hat einen Auftrag für uns, einen ganz bestimmten Plan.

Einen vom Geist geführten Christen erkennt man daran, daß er sich *auf das Wesentliche konzentriert.* In seinem Beruf wie in seinem Privatleben. Er verzettelt sich nicht.

Ein besonderes Kennzeichen der vielen Verwirrer ist die Ablenkung durch Nebensächlichkeiten, das Festbeißen an unwichtigen Kleinigkeiten. Satan weiß, daß er uns damit am besten aufhalten und stören kann. Da kann auch unsere Rechthaberei so schön zur Geltung kommen.

Gerade, wenn der vom Geist geführte Christ sich auf das Wesentliche konzentriert, auch seine ganze Zeit dem Geist unterstellt, fragt er vor jeder Aufgabe wie vor jeder Arbeit nach dem Willen Gottes. So verschafft er sich zuerst einen *Überblick, bevor* er zu arbeiten beginnt. *Er handelt nicht ins Blaue hinein.* Er erledigt nicht das zuerst, was ihm gerade zufällig auf den Tisch kommt, sondern was für ihn das Wesentliche und das Wichtigste ist.

Er hört aufmerksam zu
Oberflächliche Menschen kann man sehr leicht daran erkennen, daß sie nicht zuhören können. Sie reden und reden. Kaum hat man einen Satz begonnen, da haben sie schon eine Antwort bereit, obwohl man seine Meinung noch gar nicht zum Ausdruck bringen konnte.

Vom Geist geführte Menschen hören sehr genau zu, weil sie wissen, daß auch durch jeden anderen Menschen Gottes Geist zu ihnen sprechen kann. Weil sie wissen, daß sie von jedem anderen Menschen Neues erfahren, Neues lernen können.

Weil sie nicht überheblich schon vorher alles besser wissen als die anderen.

Nie übermütig oder zu selbstsicher
Der Christ weiß, daß er seine Erfolge und seine Kraft Gott verdankt und diese immer wieder neu von ihm geschenkt bekom-

men muß. Ohne ihn weiß er sich schwach und hilflos. (Joh 15,5)
Auch verurteilt und kritisiert er nicht andere, weil er seine eigenen
Schwächen und Fehler sehr gut kennt. Er lästert und er tratscht
nicht.

Er gebraucht eine klare Sprache
Er verwendet keine Phrasen und keine Sprüche, sondern Worte,
auf die man sich verlassen kann. Er trifft klare Absprachen und
hält sich an ein einmal gegebenes Wort.

Er zieht sich öfters zurück in die Stille
Er liebt nicht das viele Reden und weiß, daß er nur aus der Stille
heraus aktiv sein kann.
Aus der Stille, aus der Begegnung mit Gott, beziehe ich die Kraft
für die Aktivitäten meines Lebens.
Aber auch aus Büchern. Aus der Begegnung mit anderen, wo ich
zuhören kann.
Das kann ja wieder ein Zurückziehen in die Stille sein, wenn ich
lerne, im Gespräch mehr zuzuhören . . .
Wenn ich still werde, werde ich aufmerksam.

Das sollten nur einige Anregungen sein. »Orientierungszeichen«,
an denen ich mein Verhalten überprüfen kann.
Diese Anregungen sind nicht vollständig. Sie können sie selbst
leicht ergänzen und viel Freude dabei erleben, wenn Sie wieder
ein neues Merkmal für das Leben in der Kraft des Heiligen Geistes
gefunden haben.
Für unser ganzes Leben aber, für all unser Suchen und Handeln
gilt, was hier nochmals an den Abschluß gestellt sei:
Im Zweifelsfall ist meine Richtschnur immer der Herr und seine
Liebe: »wie ich euch geliebt habe.« (Joh 13,34)
Das Verhalten Jesu, sein Leben, sein Evangelium, seine Liebe ist
unser wichtigstes Unterscheidungsmerkmal.
Unser wichtigstes Kennzeichen.
Unsere beste Orientierungshilfe.
Unser Leuchtturm in jeder Dunkelheit.

DIE BEFREIUNG

Die größte Macht in meinem Leben

Besser, als es ein Buch zu zeigen vermag, werden Sie in Ihrem Leben erfahren, daß der Geist Gottes eine große Macht, ja, die größte Macht in Ihrem Leben sein kann, wenn Sie ihn Tag für Tag in Ihr Leben einlassen. Wenn Sie den Geist Gottes wirken lassen und nicht mehr alles allein entscheiden wollen.

Öffnen Sie sich ihm mit brennendem Verlangen. Haben Sie Hunger und Durst nach der Kraft des Heiligen Geistes, wie man nur in einer Wüste der Hitze und der Trockenheit Hunger und Durst haben kann.
Wenn sie aber keine Sehnsucht verspüren, kein Verlangen nach dem Geist haben, *dann beten Sie um diese Sehnsucht!*
Gott wird Ihr Gebet erhören, und er wird Ihnen seinen Geist senden. Als Beistand und Tröster. Als Ratgeber und Helfer.

Wie oft haben wir schon in den Kirchenliedern vom »Beistand«, vom »Ratgeber«, vom »großen Tröster« gesungen. Es hat uns nicht gerührt, weil wir sein Wirken noch nie vorher erfahren haben.

Warum ist das Leben vieler Gläubigen so saft- und kraftlos? Weil sie gar nicht ernsthaft daran glauben, was Jesus ihnen verheißen hat. Weil sie zumindest nicht bereit sind, sich von Jesu Verheißungen auch einmal ernsthaft zu überzeugen.
Es liegt allein an Ihnen, ob Sie Jesu Verheißungen ernst nehmen. Ob Sie Ernst damit machen, nach Jesu Willen, nach Jesu Weisung und seinen Verheißungen zu leben.

Viele Depressionen, Unsicherheiten und Ängste entstehen in uns, weil wir oft inkonsequent leben! Weil wir keine klare Entscheidung herbeiführen wollen. Die Psychotherapeuten können ein Lied davon singen. (Siehe auch »Die Macht der kleinen Schritte« vom gleichen Verfasser.)
Eigentlich bleiben uns doch nur zwei Möglichkeiten, wenn wir

konsequent sein wollen: entweder unseren Glauben entschieden zu leben, zumindest sehr sorgfältig zu prüfen, was wirklich daran ist, was da Jesus auf Erden verkündet und gelebt hat. Oder doch lieber gleich unserem Glauben konsequent adieu zu sagen. Aber so »ein bißchen« glauben?

Warum gehe ich eigentlich zu Weihnachten, Ostern oder vielleicht auch jeden Sonntag in die Kirche, wenn ich im Alltag meinen Glauben doch nicht verwirkliche?
Wenn ich im Alltag doch nicht daran denke, Ernst mit dem zu machen, was ich am Sonntag höre oder hin und wieder auch lese?

Ich möchte Ihnen Mut machen: öffnen Sie sich dem Geist Gottes. Vertrauen Sie sich voll und ganz ihm an! Wem sollten Sie sich mehr anvertrauen können als ihm, dem allmächtigen Gott, dem Schöpfer unseres Weltalls, der alles in seinen Händen trägt und hält?

Der Geist kann auch in Ihrem Leben zur größten Macht werden. Es liegt allein an Ihnen. Er wartet auf Sie!

Auf Ihr Gebet.
Auf Ihr Verlangen.
Auf Ihr Kommen.

Vorsicht!

Wenn Sie mit dem Geist Gottes immer vertrauter werden, wenn er immer stärker in Ihr Leben tritt, werden Sie bald spüren, welche neue, welche ungeahnte Kraft in Ihrem Leben wirksam wird.
Unser Leben wird durch den Eintritt der Kraft des Heiligen Geistes verändert. Wir werden viel sicherer. Wir bekommen neuen Mut. Wir spüren eine neue Kraft in uns.
Mancher kommt dann in Gefahr, überheblich zu werden.

Überheblich und selbstsicher, weil wir ja eine neue große Macht in uns spüren. Weil wir erfahren, wie wir uns positiv verändern. Wie Angst und Unsicherheit von uns abfallen.

Dann jedoch sollen wir in aller Demut zu Gott gehen und täglich ihn neu bitten, daß er uns *nach seinem Willen* führt und wir nicht einen neuen Eigenwillen, ein neues Eigenleben entwickeln.

Wir müssen Bremsraketen einbauen: bei jeder »Hochflut des Geistes«, bei jedem so sicheren Gefühl *ihm* danken für *sein* Geschenk, für *seine* Werke, für *seine* Hilfe.

Unsere neue Sicherheit verdanken wir *allein ihm.* Aus uns vermögen wir nichts.

Wir wollen demütig, von ihm abhängig bleiben. Sein Wille ist, daß wir seine Liebe – und nicht unsere neue Selbstsicherheit – üben; sein Wille ist, daß wir die Menschen lieben und nicht belehren. Daß wir den Menschen helfen und sie nicht kritisieren.

Gott gibt uns nicht die Kraft und die Sicherheit, daß wir damit über Menschen herrschen und anderen überlegen sind. Gott sendet uns seinen Geist, damit wir die Menschen besser verstehen, besser erfahren und ihnen dadurch leichter helfen und besser dienen können.

Jesus ist »nicht als Richter in die Welt gekommen, sondern als Retter.« (Joh 12,47 GN) »Der Menschensohn ist nicht gekommen, um sich bedienen zu lassen, sondern um zu dienen.« (Mk 10,15 GN)
Wenn aber Christus nicht richten, sondern nur dienen will, dann steht es uns erst recht nicht an, uns über andere zu erheben.

Helfen und dienen – dazu gibt uns der Geist Gottes seine Kraft und seine Stärke.

Quellen lebendigen Wassers

hat Jesus denen versprochen, die ihm vertrauen. »Jesus meinte damit den Geist, den die erhalten sollten, die ihm vertrauten.« Joh 7,39 GN)
Paulus verspricht uns die Reinwaschung von Sünden: »Jetzt seid ihr reingewaschen, ihr seid Gottes heiliges Volk geworden. Ihr seid mit dem Herrn Jesus Christus verbunden und habt den Geist unseres Gottes erhalten.« (1 Kor 6,11 GN)

Der Geist ist es, der uns freimacht, der uns eine neue Freiheit schenkt. Wir müssen in unserem Leben nichts mehr in unserer eigenen Schwachheit erzwingen. Wir dürfen alles ihm übergeben und ihn um seine Hilfe, ihn um seine Befreiung bitten. Wir selbst können uns von den vielen Gebrechen und Fehlern allein nicht befreien. Das haben wir zu oft und zu gut erfahren.
Gottes Geist mit all seiner Macht steht uns bei. Wir können und dürfen uns ihm ganz anvertrauen. Er macht uns frei; frei von jeder falschen Ichsucht, frei von falschen Meinungen und falschen Zielen.
Ohne ihn können wir nichts tun. (Joh 15,5)
Ohne ihn sind wir schwache und sündhafte Menschen. Wir bleiben verstrickt in Kleinkariertheit und Ängsten, verstrickt in Fehler und Sünden.
Ohne den Geist Gottes können wir den Willen Gottes nicht erkennen. Ohne den Geist Gottes verharren wir in einem furchtsamen, ängstlichen, unruhigen und gehetzten Leben.

Der Geist Gottes aber macht uns frei. Wir müssen unser Leben nicht mehr in kleinlichem Gesetzesdenken und mit ständig belastetem schlechtem Gewissen führen:
»Nun können wir so leben, wie das Gesetz es verlangt. Denn unser Leben wird jetzt vom Geist Gottes bestimmt und nicht mehr von unserer eigenen Natur.« (Röm 8,4 GN)
Im Brief an die Korinther geht Paulus noch einen Schritt wei-

ter. Er zeigt auf, worin die Freiheit der Menschen des neuen Bundes besteht:

»Christus hat uns fähig gemacht, Diener des neuen Bundes zu sein, nicht des Buchstabens, sondern des Geistes. Denn der Buchstabe tötet, der Geist aber macht lebendig.« (2 Kor 3,6 GN)

Das ist die Wahrheit der von Jesus erlösten und der von ihm mit dem Heiligen Geist gestärkten Kinder Gottes: Wer nach der menschlichen Natur leben will, lebt in Knechtschaft, Ängsten und Furcht. Wer in der Kraft des Heiligen Geistes lebt, der erntet Befreiung.

Befreiung von kleinlichem Denken. Befreiung von Fehlern und Schwächen. Befreiung von Sorgen und Qualen. Von Angst und Furcht. Von Last und Sünde.

Der uns die Angst nimmt

Stimmt das wirklich?

Kann das wirklich wahr sein, daß es jemanden gibt, der uns die Angst nimmt?

Die vielen Sorgen und Befürchtungen?

Das Bangen und Zittern?

Wenn Sie sich wirklich voll und ganz, »ohne wenn und aber« der Führung des Heiligen Geistes unterstellen, dann werden Sie sehr bald erfahren, daß das größte Abenteuer Ihres Lebens beginnt! Gott greift bewußt und spürbar in Ihr Leben ein.

Der große, allmächtige und unendliche Gott führt Ihr Leben.

Er begleitet Sie und umgibt Sie. (Psalm 139)

Sie können mit *allen* Ihren Fragen und Problemen *in kindlichem Vertrauen* zu ihm kommen.

Er, der das ganze Weltall in seinen Händen trägt, er hält auch mich in seinen Händen.

Er hat mir seinen Geist verheißen als Beistand . Er läßt mich seine Kraft und Stärke durch den Heiligen Geist spüren.

Ich bin nicht mehr allein.
Nie mehr verlassen.
Ich brauche nicht mehr der »Tüchtige« zu sein.
Ich muß nicht mehr meine Zähne zusammenbeißen, um alle meine Ängste zu verscheuchen.

Je mehr ich mich dem allmächtigen Geist Gottes anvertraue, je mehr ich danach trachte, seinen Willen und nicht mein Wollen geschehen zu lassen, um so weniger Angst, um so weniger Sorge muß ich mir in Zukunft machen.

Es geht ja nicht mehr um mich, sondern nur noch um ihn und um sein Reich.
Es geht nicht mehr um meine Wünsche – und die damit verbundenen Ängste –, sondern um seinen Plan, um seine Vorstellungen und um die Vollendung seines und nicht meines Willens.

Da verliert es an Bedeutung, ob ich meinen nächsten Urlaub im Ausland oder daheim verbringe: wenn ich nur seinen Willen verwirklichen kann.
Da wird es unwichtig für mich, ob ich in den nächsten Monaten befördert werde oder nicht; ob ich den Abwasch für meine Familie erledige oder einen Vortrag halte; ob ich kleine ungeduldige Kinder füttere oder an der Universität studiere: *die Weitergabe seiner Liebe ist allein maßgebend* für mich. (Joh 13,34f.)
Da wird es unwesentlich, ob ich sehr bald geheilt werde oder meine Krankheit chronisch wird und ich sie ein Leben lang tragen muß: *seine Kraft wird besonders in meiner Schwachheit mächtig sein.* (2 Kor 12,9)

Alles aber, was mir am Herzen liegt, alles um das ich mir Sorgen mache, darf ich ihm anvertrauen. Wer sollte denn besser zum Beispiel für meine Kinder sorgen können als er? Wer sollte sie besser schützen, begleiten, heilen können als er, der lebendige Gott?

Dort, wo meine Grenzen beginnen, wo meine Schwachheit deutlich wird, wo meine Unzulänglichkeiten zutage treten: da hört er nicht auf zu wirken. Wo ich nicht mehr weiter weiß, da ist er mit seiner Kraft bei mir. Wo ich keinen Weg mehr sehe, *da entzündet er mir ein neues Licht.* (Joh 8,12)

»Ich kann ihm alles anvertrauen. Er führt mich. Er ist bei mir!«
Das wird die neue, große Zuversicht Ihres Lebens werden! Denn es geht ja nicht mehr um Ihre Wünsche, sondern um seinen Willen. Es geht ja nicht mehr um Ihre Vorstellungen, sondern nur noch um sein Reich.

Sollte er sich nicht um sein Reich kümmern?
Uns dabei im Stich lassen?

Nie und nimmer!

Gott ist ein treuer Gott.
Gott ist ein starker Gott.
Gott ist ein zuverlässiger Gott.

»Ströme lebendigen Wassers« hat er uns verheißen. (Joh 7,38)

»Ich lasse euch nicht wie Waisenkinder allein.« (Joh 14,18 GN)
»Ich sende euch meinen Beistand.« (Joh 14,16; 15,26)
»Er wird euch alles lehren.« (Joh 14,26)

Das ist seine Verheißung, darauf können wir bauen: *»Denkt daran: ich bin immer bei euch, jeden Tag bis zum Ende der Welt.«* (Mt 28,20 GN)

Vor wem sollten wir noch Angst haben, wenn der große allmächtige Gott uns mit seinem Geist begleitet? Vor wem noch bange sein, wenn sein Geist uns stark macht?

Sein Geist ist bei uns.
Sein Geist führt uns.
Sein Geist stärkt uns.

Der uns die Angst nimmt

Diese Überschrift möchte ich ganz langsam, in Stille und Ehrfurcht, in Lobpreis und Anbetung gegenüber dem großen, allmächtigen Gott wiederholen:

Sein Geist ist es, *der uns die Angst nimmt.*

Georg Popp, bekannt als Herausgeber der »Großen der Welt«-Bände, hat sich durch seine praxisnahe, lebendige Sprache rasch einen Namen als christlicher Autor gemacht. Die Gesamtauflage seiner Bücher liegt bereits über einer Million.

Weitere Bücher von Georg Popp empfehlen wir Ihnen auf den nächsten Seiten.

Bücher, die Freude schenken:

Georg Popp
Einander zum Segen werden

»Im Buch ›Einander zum Segen werden‹ gibt Georg Popp eine lebendige Einführung in den Wert und Sinn unseres Lebens. Er zeigt, wie wir Gottes Auftrag ›Du sollst ein Segen sein‹ verwirklichen können: Durch mein Sein, durch Annahme meiner selbst (›Gott will in meiner Schwachheit mächtig sein!‹) und durch Wachsen und Reifen in Geduld und Liebe . . .«   (Kirche und Welt, Zürich)

»Ihr neuestes Buch war für mich das Beste, was Sie bis jetzt geschrieben haben. Seit ich es gelesen habe, geht es mir spürbar besser . . .«
(Magda S., Königshofen)

Georg Popp
Lobpreis
Gebete aus der Bibel, die Mut und Kraft schenken

»Lobpreis« ist ein neues, Mut machendes Gebetbuch. Es enthält die schönsten und wichtigsten Gebete aus der Bibel, praktisch und übersichtlich geordnet für den Gebrauch im heutigen Alltag. Sein handliches Format macht es besonders geeignet zum täglichen Begleiter.

Georg Popp
Laß dein Herz voll Freude sein

Die Freude den Menschen wieder nahezubringen, ist das Anliegen dieses neuen Bildbandes. »Die Traurigkeit ist unsere größte Sünde!« Wie wir die Freude neu entdecken können, zeigt Georg Popp an vielen praktischen Beispielen. Strahlende Fotos von Doris Klees-Jorde unterstreichen dies.

Erhältlich in allen Buchhandlungen

Bücher, die Mut machen:

Georg Popp
Der uns trägt und führt
Von Gottes Größe, Liebe und Treue

»Lebensnah und lebendig . . . Der Autor zeigt auf, daß ein Leben mit Gott ein Leben voller Kraft, voller Ausgeglichenheit und frei von Ängsten ist.« (Volksblatt)

»Meine Sekretärin hat dieses Buch mit in den Urlaub genommen und kam total begeistert zurück. Wir werden Ihr Buch gerne aufs wärmste weiterempfehlen.« (Pastor Volkhard Spitzer)

Georg Popp
Die Macht der kleinen Schritte
Wie bewältige ich meine Ängste und Probleme?

»Schritt für Schritt zeigt Georg Popp auf, wie wir unser Leben ruhiger, gelassener und ausgeglichener gestalten können; wie wir ohne große Anstrengung mit ein wenig Mut und Hoffnung das Leben positiv verändern können.« (Neue Bücherschau)

Georg Popp
Das Kursbuch für mein Leben
Die Bibel: Kraft und Hilfe für den Alltag

»Wir empfehlen dieses Buch, weil es mit vielen praktischen Beispielen aufzeigt, wie ein Christ mit der Bibel umgehen kann und durch sie Kraft und Hilfe erfährt. Wie lebensnah das Buch geschrieben ist, zeigen die einzelnen Abschnitte:

Die Quelle meiner Kraft – Was ist die Bibel – Was bewirkt die Bibel – Wie lese ich die Bibel – Die Bibel im Gebetskreis – Wie verstehe ich die Bibel – Die Gliederung der Bibel.« (Zeitschrift »Erneuerung«)

Erhältlich in allen Buchhandlungen

Bücher, die einen Weg zeigen:

Georg Popp
Die Großen der Bibel

In seinem neuesten Großband stellt Georg Popp unter Mitarbeit namhafter Autoren – wie Bischof Johannes Hanselmann, Prof. Dr. Norbert Baumert, Prof. Dr. Otto Knoch u. v. a. – die großen Frauen und Männer der Bibel vor. Von den Patriarchen bis zu den Christen um Paulus und Petrus spannen sich die ausdrucksvollen Berichte. Auch die weniger bekannten Namen, wie z. B. Rebekka und Debora, Jona und Tobit, Aquila und Priszilla, Titus, Phöbe und Lydia sind nicht ausgelassen.
Der Leser findet anschauliche Eindrücke in das Leben der Frauen und Männer des Alten Testamentes ebenso wie der Frauen und Männer um Jesus.
Ein faszinierendes Buch, das jeder Christ nicht nur besitzen, sondern auch gelesen haben sollte.

Georg Popp
Die Großen des Glaubens

Unvergeßlich sind Leben und Wirken vieler Frauen und Männer, die zu den »Großen des Glaubens« unserer christlichen Kirchen geworden sind. Die wichtigsten Ereignisse, die wesentlichsten Leistungen, ihre Erfolge und Enttäuschungen – in diesem Band werden sie lebendig und spannend erzählt. Namhafte Autoren stellen 55 Glaubenszeugen aus allen Jahrhunderten und allen christlichen Konfessionen vor: von Abraham und Paulus bis zu Albert Schweitzer, Edith Stein, Maximilian Kolbe, Dietrich Bonhoeffer und Martin Luther King. Eine faszinierende Sammlung von Lebensbildern, die jugendliche und erwachsene Leser in ihren Bann ziehen.

Erhältlich in allen Buchhandlungen

Das wichtige Standardwerk
für jede Familie:

Georg Popp
Die Großen der Welt
Große Männer und Frauen aller Jahrhunderte

Vor 30 Jahren erschien zum ersten Mal das inzwischen weltbekannte Buch »Die Großen der Welt«. Inzwischen liegen weitere Einzelbände und mehrere Neubearbeitungen vor. Aus Anlaß des 30jährigen Erscheinens gibt es nun eine einmalige Jubiläumsausgabe, in der auf über 800 Seiten zum Preis eines Bandes der Inhalt der ersten drei »Großen der Welt«-Bände (einschließlich der »Großen des 20. Jahrhunderts«) vereint ist. Lassen Sie sich diese Gelegenheit nicht entgehen.

Sein erfolgreichstes Werk »Die Großen der Welt« hat Georg Popp durch zwei Bände ergänzt, die Sie unbedingt besitzen sollten:

Große Frauen der Welt

Auf 280 Seiten und 16 Bildtafeln stellt dieses Buch 42 große Frauen von der Antike bis zum 19. Jahrhundert vor.

»Ein notwendiges Buch ... von beachtlichem geistigen Niveau.«
(Deutsche Tagespost)

Große Frauen des 20. Jahrhunderts

Auf 286 Seiten und 16 Bildtafeln finden Sie die interessantesten Künstlerinnen, Forscherinnen und Frauenrechtlerinnen des 20. Jahrhunderts; Frauen, die Sie kennen sollen.

»Für die ganze Familie ein informatives Geschenkbuch besonderer Art.« (Rombach aktuell)

Erhältlich in allen Buchhandlungen